恥と
「自己愛トラウマ」
あいまいな加害者が生む病理

Okano Ken-ichiro
岡野憲一郎

岩崎学術出版社

まえがき

私たちの持つ感情の中で最も威力を発揮するものはなんだろうか？　ある人は怒りと答えるかもしれない。ある人は罪の意識と考えるだろう。また別の人はセクシュアルな願望だと主張する可能性がある。

私は、恥こそが最も人間にとって威力を持つ感情である、とする立場である。恥を恐れ、恥をかきたくないという思いが人を強力に突き動かす。恥をかかされたという思いが相手への深い憎しみとなるのである。

恥をかかされた体験を本書では「自己愛トラウマ」と呼ぶ。「自己愛」とは自分に満足し、満ち足りた状態をいう。自分は大丈夫だ、やれるんだという気持ち。自分は案外イケているじゃないか、という自信。それが自己愛だ。恥はそれが侵害され、圧し潰された時の感情として理解できる。それは深刻なトラウマ、すなわち「自己愛トラウマ」体験を引き起こすのである。

ではその自己愛トラウマを引き起こす加害者は誰なのだろうか？　それは時には上司であったり、親であったり、クラスメートであったりする。あるいは社会全体かもしれない。時にはその存在やトラウマの事実は誰の目にも明白であり、その加害者は罪に問われることもある。しかし多くの場合、加害者の存在はあいまいである。その人は加害行為に気がついていなかったり、そのつもりがなかったり、逆に自分こそ被害者だと言い募るかもしれない。しかし加害者がわかりにくくあいまいであっても、あるいは不特定多数の人びとであっても、自己愛トラウマを被った人の傷の大きさは変らない。そしてその自己愛トラウマがそこから新たな怒りや加害行為を生むこともある。

いま日本ではさまざまな問題が起きている。自然災害、いじめ、モンスター化現象、クレーマー、凶悪犯罪……。それらを理解するうえで、この自己愛トラウマやあいまいな加害者という概念をその切り口として提唱したい。以下に掲げる章はそれぞれ異なるテーマをこれらの概念から論じる試みである。

目次

第2部　いじめとうつと「自己愛トラウマ」

第3部　文化装置としての恥

序章　恥と「自己愛トラウマ」

「穴があったら入りたい」という表現がある。人前でどうしようもなく恥ずかしい体験をし、身の置きどころがなくなるという事態である。私たちの人生の中で、できれば触れてほしくないこと、思い出すと「アー！」と頭を抱えたくなることは少なくない。これは一種のトラウマであろうと私は考える。自分のプライドがズタズタになるような体験。これを本書では「自己愛トラウマ」と呼ぶ。私にも思い出すと「アー！」となるような出来事はこれまでの人生でいくつかあった。たとえば……と言って簡単に書けないのが、この「自己愛トラウマ」の特徴であろう。まあおいおい出てくるであろうが、いくつかの他人の例を挙げよう。

1

サムスンは2度負けた……TV対決敗北、プレゼンで大物監督〝大失態〟、CESの屈辱

……発表では、サムスンがCES（引用者注：家電見本市）に出展するフルハイビジョンの四倍の解像度を持つ「4K」対応テレビのすばらしさをPRするため、「アルマゲドン」や「トランスフォーマー」などの作品で知られる米ハリウッドの映画監督、マイケル・ベイ氏がゲストで登壇。大物の登場に会場は沸いた。ところが、ベイ氏は壇上でなぜか蒼白（そうはく）になり、しどろもどろに。揚げ句には「すみません。申し訳ない……」とステージを放棄して立ち去った。会場は騒然となり、「米国の英雄に恥をかかせた」と舌打ちする米国人記者の姿もあった。

ネットではベイ監督の〝失態〟動画が話題となったが、原因はどうやら、舞台下に設置され、登壇者のせりふを表示する「プロンプター」と呼ばれる機械の不具合。監督は「アドリブでやります」とふんばったものの、司会者の助け舟にもフリーズ。ついに「すみません。申し訳ない、申し訳ない……」と述べると身を翻し、ステージを去った。

商品PRを目的とした台本は当然、厳選された言葉で書かれている。監督は新製品がアクション大作映画を見るのにいかに適しているかを語るはずだったが、台本が表示されなかったハプニングに、監督は〝逃亡〟するしかなかった。

後日、監督は自身のブログで「CESで恥をかいた。ライヴショーは得意ではないようだ」と釈明した。サムスン側とは「和解」が成立したらしい。（MSNニュース　二〇一四年一月三日）

どうだ、恥ずかしいだろう。この例は私がニュースをチェックしていて気がついた「自己愛トラウマ」の最新の例だ。トラウマを体験したのはアメリカの有名映画監督。彼は穴があったら入りたい状況で舞台のそでに引っ込んだわけである。しかし彼の手痛い自己愛トラウマの加害者は何だったのだろう？　それはプロンプターの不具合だったのだ。この不具合がどの程度人為的なミスかはわからない。その意味では（生きた）加害者の存在があいまいな典型例でもある。

では私が過去に聞いた中で一番心が痛んだ「自己愛トラウマ」の例を紹介しよう。ウィキペディアの桂文楽（八代目）の項に次のような記載がある。

最後の高座

高座に出る前には必ず演目のおさらいをした。最晩年は「高座で失敗した場合にお客に謝る謝り方」も毎朝稽古していた。一九七一年（昭和四六年）八月三一日、国立劇場小劇場における第五次落語研究会第四二回で三遊亭圓朝作『大仏餅』を演じることになった。前日に別会場（東横落語会恒例「圓朝祭」）で同一演目を演じたため、この日に限っては当日出演前の復習をしなかった。

高座に上がって噺を進めたが、「あたくしは、芝片門前に住まいおりました……」に続く「神谷幸右衛門……」という台詞を思い出せず、絶句した文楽は「台詞を忘れてしまいました……」「申し訳ありません。もう一度……」「……勉強をし直してまいります」と挨拶し、深々と頭を下げて話の途中で高座を降りた。

舞台袖で文楽は「僕は三代目になっちゃったよ」と言った。明治の名人、三代目柳家小さんはその末期に重度の認知症になり、全盛期とはかけ離れた状態を見せていた。

以降のすべてのスケジュールはキャンセルされた。引退宣言はなかったものの二度と高座に上がる事はなく、稽古すらしなくなった。程なく肝硬変で入院し同年十二月十二日逝去した。享年七九。

もう一つ、これは動画から。

「プロ棋士が二歩で負ける瞬間」。ただしこれは検索していただければどなたでも見られるので、同じくウィキペディアの解説を代わりにつけておこう。「二歩」の項から。

……極めて初歩的な禁じ手の一つだが、将棋の反則の中では最も起こりやすいものの一つでもあり、プロ高段者の対局においてさえしばしば発生する。一九七七年から二〇〇五年までにプロ公式戦での二歩は四四回起こっている。自陣で追いつめられ前の方の歩に気付かず思わず合駒してしまう、敵陣で相手を攻めるのに夢中になりしばらく前に打っていた自陣深くの歩を見落とす、敵陣に打ち込んで不成のまま放置していた歩に気付かない、などの状況でうっかり打ってしまうことが多い。……

私は将棋に疎いが、少し知っている囲碁で同じような例を考えることができるだろうか。棋士が相手の着手による「あたり」に気づかずに大石を仕留められる、とか。プロの棋士が実際にゴッそりあげハマを碁盤から拾い上げたとしたら、これはかなりの「自己愛トラウマ」になるだろう。もちろんプロ同士でそのようなシーンはありえない。その前に投了で、何事もなかったかのように感想戦に入るのだろう。

恥の問題は格段に興味深い

ところで私は精神科医になってもう三〇年になるが、新人の時代はいわゆる「精神病理学」という領域にかなり関心を持った。しかし精神病理学、特に統合失調症に関する論文は難解だった。何しろ哲学的でややこしいのだ。

ところが同じ精神病理学の中でも、対人恐怖に関する理論には不思議と親近感を持った。自分自身の体験とも照らして比較的抵抗なく読み進めることができたのである。

私が恥や対人恐怖に関するテーマに興味を持ったのは、それが単なる病理の記述にはとどまらない、およそすべての人間が持つ心の基本的なメカニズムに関わった議論だからであった。何しろ「穴があったら入りたい」ほどの気持ちの動揺やトラウマを引き起こす現象なのだ。それに日本文化が「恥の文化」と呼ばれることからもわかるとおり、文化論と直結した幅広い視野を提供してくれるようにも思えた。

後に渡米してからも、対人恐怖についての興味を持ち続けることが、私の日本人の精神科医としてのアイデンティティを維持する上で大きな支えとなった。しかし恥の問題を自己愛というテーマにそって考えるようになったのは、米国における精神分析の流れの中でその視点に出会ってからである。そもそもどうして「穴があったら入りたく」なるのか。ひとことで言ってしまえば、それは自己愛のせいである。高座でセリフを忘れることがどうしてそれほど恥なのか？　それはプロの噺家にとっては起きてはならないことという前提があり、本人にもその自負があるからだ。将棋のプロがどうして二歩を打つことが恥ずかしいのか。それは初歩中の初歩のミスを専門家が犯してしまうからだ。あってはいけないこと、ありえないことをしてしまうのが恥ずかしい。初心者がそれをしても別段問題ではないだろう。ということは「自分には～ができる」というプライド、自己愛のレベルが高ければ高いほど、恥の感覚も強いということになる。恥と自己愛は表裏一体、とはそういうことだ。

ただし重要なのは、ここでいう自己愛は、周囲がその人をどう見ているのか、ということとも密接に関連しているということだ。「自分はすごい」と思っている人が人前で「すごくない」姿を晒したら、当然恥じ入るであろう。しかしそこで聴衆もまた「あの人はすごい」と思っているからこそ、この恥の体験は成立する。これは、恥は自己愛のせいだと言っていることと少し矛盾していると感じられるかもしれない。自己愛とはあくまでも「自分をどう感じているか」だからだ。

ただこう言い換えると少しわかりやすくなるかもしれない。「あの人はすごい」は、その人の自己愛を高める強力なファクターになるだろうが、結局その人が恥の体験をするかは、その人の持っている自己愛的なイメージによって決まるのだ、と。たとえどんなに周囲から「すごい」と思われていても、当人は身の程を知っていれば、「すごくない」姿を晒しても恥とは思わないであろう。

私がこれを書いているのは、ちょうどソチ・オリンピックが行われている最中である。あれほどメダルを期待されたスキージャンプの高梨沙羅さんがメダルに届かず、四位で終わった。全く無名の十七歳の女性がいきなりオリンピックに出場して四位の成績を上げたなら、大喜びをし、日本国民も彼女をヒロイン扱いしてもおかしくない。しかし金メダルが確実と言われた彼女としては、この成績を恥ずべきものと感じたかもしれない。なんと不思議な現象だろう。

彼女にとってはこのソチ・オリンピックは自己愛トラウマにさえなった可能性がある。しかしこれを自分自身にとってのトラウマではなく、糧とすることができるかどうかに、これからの高梨さんの成長がかかってくるのだろう。

これほど大事な恥の感情なのに

これほど私たちの生活に密着した重要な感情である恥は、どのように心理学で扱われてきたのか？　これがまた不思議な問題なのである。たとえば精神分析は、一世紀前にヨーロッパで生まれ、第二次大戦後は米国においても隆盛をみせた。一時は心の理論の中心として扱われたのが、この精神分析理論である。しかしその中に、恥の概念に関する議論はほとんど出てこなかった。もちろん精神分析が扱わなかったテーマは他にもいくらでもあっただろう。しかし精神分析では本来、人間の体験するさまざまな感情が中心的なテーマとして扱われるべきなのである。たとえば罪悪感や怒り、攻撃性や性愛性に関連した情動が頻繁に扱われたことを思えば、この恥に関する議論が一切なされなかったことは見逃すことができない。

しかし恥がそれだけ重要な感情であるならば、それは子どもの精神の発達段階のかなり初期から見られるはずである。恥の萌芽ともいうべき人見知りの現象は、正常な情緒発達のかなり早期に見られることは古くから観察されていたはずだ。

ダーウィンと言えば一九世紀に「種の起源」を書いた自然科学者であるが、その理論を継承したトムキンス[15]の説によれば、恥は生まれつき人間が備えた感情のひとつに数えあげられていたという。とすればフロイトがこの感情についてまったく論じていないことそのものが、精神分析理論の限界をあらわしているとも考えられるだろう[13]。この恥を無視する傾向は、なぜか精神分析とは一線を画していたはずの一般心理学にも同様に見られた。そして二〇世紀の終わりに近づいて、ようやくあたかもその反動のような形で、恥の感情が注目を浴びるようになったのである[14]。

ともかくも精神分析の世界では恥の議論はほとんど見られなかったのだが、そのテーマに正面から取り組んだ分析家が一九八〇年代にアメリカに現れた。それがアンドリュー・モリソンという分析家だった[10]。モリソンは高名な精神分析家コフート[9]の理論を引き継ぎながら、次のような主張をした。

コフートという分析家は精神分析の世界では、独特の自己愛理論を提唱したことで有名である。彼はその考察を深める中で、フロイトとは異なるやり方で人間の感情の問題をとらえた。人間は他人から共感され、自分の存在を肯定されることにより、健康な自己愛を育てられる、とコフートは考えたのだ。そしてそれは人が生きていくうえで欠くことのできないものであるとした。さらにコフートは恥について考えた。それは人から共感を得られず、自己愛の傷つきが生じた際に生まれる感情なのだと。ただし実はコフートははっきりこう言ってはいなかったのだ。コフートの書いた本の中に、恥、という概念はあまり出てこない。でも彼の言う自己愛の傷つきについての記載は、ほとんど恥の感情について言っているのだ、というのがモリソンの主張だった。こうしてモリソンは恥を「自己愛の裏の面」として捉え、コフートの自己愛理論は事実上恥の理論であるとまで言い切っている。同様の視点は、他の何人かの精神分析家、すなわちネイサンソン[11]、ブルーチェック[4]らによっても支持されている。

恥による傷つきはトラウマである

モリソンらの理解に従った恥は、トラウマのニュアンスが伴っていることに気づかれよう。恥の感情はもっぱら共感能力に欠けた他者によりもたらされるのであり、非は他者の方にあると言わんばかりなのである。恥の体験は決して「恥ずべき」体験ではなくなるのだ。

恥の体験に対するこのような見方の推移は、自己愛の病理の理解が変化したこととも関係していた。自己愛を精神病と連続したものとするフロイトの捉え方においても、以下に述べるカンバーグ流の理解の仕方[8]でも、その病的な側面がもっぱら強調されていた。しかしコフートにより提唱された自己愛理論は、これらとは非常に対照的であった。

カンバーグは今でもアメリカの精神分析界の重鎮として健在だが、彼が一九七〇年代以降に展開したボーダーライン理論や自己愛理論は一世を風靡したものである。そのうち彼の自己愛理論については、コフートのそれとかなり違っていた。カンバーグ的な自己愛人格は、誇大的で傍若無人であり、自分の自己愛的な願望を満たすためには他人を平気で利用するといった性質を持っていた。そしてそのような自己愛人格を持つ人びとは、その中心部分にかなりの攻撃性が存在すると考えたのだ。ところがコフートのいう自己愛人格はむしろ他人の評価に敏感であり、常に傷つきやすさを備えたものとして記述されていた。コフートのそれは人間の健康な側面を含むものであり、いわばこの自己愛の復権と共に、恥もまた汚名を返上された上で登場したのである。

ではカンバーグ的な自己愛患者はどうして他人を攻撃したり利用したりするのか？　これを考えて行くと結局は、自分の自己愛の傷つきと関係していることがわかる。彼らも彼らなりに傷つけられているが、それを怒りで表現するのだ。

見られることはトラウマか、願望か？

しかしコフート理論もカンバーグ理論も、ある重要な点で一致していた。それは人から見られることは、人間にとってとても重要なことであると同時に、場合によってはトラウマにもなるという逆説である。高梨沙羅さんはソチでも見事なジャンプを見せたかっただろう。日本の、世界の注目を浴びたかったはずだ。しかしそのジャンプはホンの少し距離が足りなかったというだけで、彼女にとっては恥辱的な体験になってしまった可能性がある。ソチでの自分のジャンプを、決してリプレイで見たくないかもしれない。フィギュアスケートの選手だったらなおさらではないか。華麗な四回転ジャンプは成功すればたくさんの人に見られることは歓迎すべきことだが、失敗して転倒してしまった姿はトラウマになりかねない。人前に身を晒すということが嬉しく、誇らしい体験になるか、自己愛トラウマになるか。そこには実に微妙な、しかし決定的な分かれ目が存在するのである。

参考文献

（1）American Psychiatric Association: Diagnostic and Statistical Manual of Mental Disorders. 3rd ed., APA, 1980.
（2）American Psychiatric Association: Diagnostic and Statistical Manual of Mental Disorders. 3rd ed-revised, APA, 1987.
（3）American Psychiatric Association: Diagnostic and Statistical Manual of Mental Disorders. 4th ed., APA, 1994.
（4）Broucek, F. J.: Shame and the Self. Guilford Press, 1991.
（5）Goren, C., Sarty, M., & Wu, P.: Visual following and pattern discrimination of face-like stimuli by newborn infants. Pediatrics. 56, 544-549, 1975.
（6）Gabbard, G.: Two subtypes of narcissistic personality disorder. Bulletin of the Menninger Clinic, 53; 527-532, 1989.
（7）笠原嘉、藤縄昭、関口英雄ほか『正視恐怖、体臭恐怖――主として精神分裂病との境界例について』医学書院　一九七二
（8）Kernberg, O.: Borderline Conditions and Pathological Narcissism. Jason Aronson, Inc. 1985.
（9）Kohut, H.: The Analysis of the Self. Int. Univ. Press, 1971.（水野信義、笠原嘉監訳『自己の分析』みすず書房　一九九四）
（10）Morrison, A.: Shame. Underside of Narcissism. The Analytic Press, 1989.
（11）Nathanson, D.: The Many Faces of Shame. Guilford press, 1987.
（12）Okano, K.: Shame and social phobia: a transcultural viewpoint. Bulletin of Menninger Clinic, 58; 323-338, 1994.
（13）岡野憲一郎『恥と自己愛の精神分析』岩崎学術出版社　一九九八

（14）Tangney, J. P., Fischer, K. W. (ed): Self-conscious Emotions. Guilford Press, 1995.
（15）Tomkins, S. S.: Affect/Imagery/Consciousness. The negative affect. Springer, 1963.
（16）内沼幸雄『対人恐怖の人間学』弘文堂　一九七七
（17）Valenza, E., Simon, F., Macchi Cassia, V., & Umiltà, C.: Face preference at birth. Journal of Experimental Psychology: Human Perception and Performance. 22, 892-903, 1996.

第1部

「自己愛トラウマ」と現代人の怒り

第1章　怒りと「自己愛トラウマ」

「まえがき」で述べた通り、本書において恥や「自己愛トラウマ」はキーワードである。この最初の章では、これらを用いて現代人の怒りについて考えることにする。最初に昨年末、私たちを震撼させたニュースを取り上げよう。

【ソウル＝豊浦潤一】北朝鮮で政権ナンバー2だった張成沢朝鮮労働党行政部長が処刑されたのは、張氏の部下二人が、党行政部の利権を軍に回すようにとの金正恩第一書記の指示を即座に実行しなかったことが契機になったと二〇日、消息筋が本紙に語った。

金正恩氏はこれに激怒し、二人の処刑を命じ、国防委員会副委員長も務めた張氏らに対する一連の粛清が開始されたという。

部下二人は、同部の李竜河第一副部長と張秀吉副部長。消息筋によると、二人は金正恩氏の指示に対し、「張成沢部長に報告する」と即答を避けた。激怒した正恩氏は「泥酔状態」で処刑を命じたという。

部下二人は十一月下旬に銃殺され、驚いた二人の周辺人物が海外の関係者に電話で処刑を知らせた。

韓国政府はこの通話内容を傍受し、関連人物の聞き取りなどから張氏の粛清が避けられないことを察知した。最終的に処刑された張氏勢力は少なくとも八人いたという。（二〇一三年十二月二一日　読売新聞）

私は北朝鮮の政情について特別コメントするつもりはない。ただこれほどの怒りの表現の背後には、私が本書でいう「自己愛トラウマ」がある可能性があると主張したいのである。自分が出した命令に対して「張成沢部長に報告する」と部下に即答を避けられた時、おそらく金正恩は激しい自己愛的な傷つき（「自己愛トラウマ」）を体験したのだ。それが彼にこのような決断を下させたのであろう。自己愛トラウマはそれだけに恐ろしく、またパワフルである。特に誰にとって何が自己愛トラウマにつながるかが読めない場合が多いことも、事態を複雑にする。それだけに私たちはこのトラウマと怒りの関係を十分に理解しておかなくてはならないのである。

「強権を振るう独裁者がトラウマを体験している？　それでは彼がまるで被害者であるかのようではないか？」という感想を持つ方がいるかもしれない。しかし本書では自己愛トラウマを体験する人の正当性とか、加害者性、被害者性といった問題はいったん脇に置いておく。自己愛トラウマが体験される際、そのトラウマの加害者はしばしばあいまいであったり、加害の意図がなかったり、むしろ立場としては正当であったりする。独裁者が、自己愛的な人間が、凶悪な心を持った人間が、それでも、いや、それだけに自己愛トラウマを抱えてしまうことから不幸が生じる。なぜならそこで生じる途方もないエネルギーは加害行為に向かってしまうからだ。

ところで精神科医もまた日常生活のいろいろな場面で怒りを覚える。さすがに患者さんのひとことにムカッとすることは少ない（私たち現代の精神科医は、自らの不用意なひとことが患者さんの怒りを買ってしまわないかということに、むしろ関心があるのだ）。そしてそれを精神医学的にどのように理解するかについての知識を多少人より持っていることも確かであろう。さらに私は精神分析家なので、精神分析的な理解も加わる。精神医学と精神分析学の違いは、一般の方にはわかりにくいかもしれないが、前者はより脳という視点に立つのに対して、後者はより人間の心の動きに注目するという違いがある。

従来、怒りについての心理学的な理解は単純でわかりやすかった。たとえばひと時代前のある心理学辞典で「怒り」の項目を引くと、テオドール・リボー（T. Ribot）という学者の説があげられている。そして「欲求の満足を妨げるものに対して、苦痛を与えようとする衝動」と定義している。(1) 単純明快な理解の仕方と言えるが、同様の理解は、精神分析理論においても見られた。フロイト以来、怒りは破壊衝動や死の本能と結びつけられる伝統があった。本能というからには、それは最初から人の心にポテンシャルとして存在していることになる。

しかし近年になって見られるのは、怒りをその背後にある恥や罪悪感との関連から捉えるという方針である。つまり「ああ恥ずかしい」、とか「自分はなんと罪深いんだ」、という感情の直後に、それへの反応として怒りが発生すると考えるのである。その意味で怒りを「二次的感情」として理解するということの方針は、最近ますます一般化しつつある。もちろんこの考え方にも限界があろうが、怒りを本能に直接根ざしたプライマリーなものとしてのみ扱うよりは、はるかに深みが増し、臨床的に価値があるものとなるのだ。

人の怒る仕組み――怒りの二重構造

私は精神科医として、そして精神分析家として、怒りについてかなり前から特別の関心を持ってきた。

怒りが起きるメカニズムに関する私の説明はこうである。人が腹を立てる際には、一連の典型的な心理プロセスがある。それはまず私が本書で「自己愛トラウマ」と呼んでいる事態、つまり自分のプライドが傷ついたことによる心の痛みから始まる。そして次の瞬間に、自分のプライドを傷つけた（と思われる）人に向かう激しい怒りへと変わる。このプロセスはあまりにすばやく起きるために、怒っている当人も、それ以外の人もこの二重構造がほとんど見えない。

このプライドを傷つけられた痛みは急激で鮮烈なものである。そして物心つく前の子どもにはすでに存在し、老境に至るまで、およそあらゆる人間が体験する普遍的な心の痛みだ。人はこれを避けるためにはいかなる苦痛をも厭わないのである。しかしこのプライドの傷つきによる痛みを体験しているという事実を受け入れることはなおさらできない。そうすること自体を自分のプライドが許さないのだ。

かつてコフートという精神分析家は「自己愛的な憤り（narcissistic rage）」という言葉を用いてこの種の怒りについて記載した。最初私はこの種の怒りはたくさんの種類の一つに過ぎないと思っていた。ところがこのコフートの概念を知ってから、一例一例日常に見られる怒りを振り返っていくうちに、これが当てはまらないほうが圧倒的に少数であるということを知ったのである。

それこそレジで並んでいて誰かに横入りされた時の怒りも、満員電車で足を踏みつけられたときの怒りも、結局はこの自己愛やプライドの傷つきに行き着くことができる。自分の存在が無視されたり、軽視されたりした時にはこの感情が必ずといっていいほど生まれるのだ。たとえレジで横入りした相手が自分を視野にさえ入れていず、また電車で靴を踏んだ人があなたを最初から狙っていたわけではなくても、自分を無の存在に貶められた感じがしたなら、それがすでに深刻な心の痛みを招くのだ。

ましてや誰かとの言葉のやり取りの中から湧き上がってきた怒りなどは、ほとんど常にこのプライドの傷つきを伴っていると言ってよい。他人のちょっとした言葉に密かに傷つけられ、次の瞬間には怒りにより相手を傷つけ返す。するとその相手がそれに傷つき、反撃してくる。こうしてお互いに相手をいつどのような言葉で傷つけたか、どちらが先に相手を傷つけたかがわからないまま、限りない怒りの応酬に発展する可能性があるのだ。

以上の論旨をひとことでいえば「怒りには、自己愛が傷つけられたことによる苦痛、すなわち恥が先立っている」ということになる。

これまでは怒りは攻撃性や男性性と関連付けられる傾向にあった。怒りイコール強さの表現、ということだ。ところが私の理解では、怒りは実は恥や弱さに対する防衛という意味合いを持っていることになる。この議論は、従来の精神分析理論からのかなりの逸脱を意味する。

二次的感情としての怒り

怒りについて考え直そうという動きは、最近では一般の心理学の分野でも見られている。最近いわゆる「自意識的感情（self-conscious emotion）」として、恥や罪悪感が注目されるようになってきているが、怒りもそれらとの関連で捉えなおされることとなった。この分野の先駆者の一人であるタングニー(6)は、怒りは恥の感情に対して二次的に生じてくるものという見方を示した。つまり恥の感情を体験するフェーズ（相）があり、その直後に反応性の怒りが生じる、というわけである。

怒りに関するこの種の新しい捉え方は、米国の臨床場面ではすでに広く受け入れられているという印象を受ける。米国ではさまざまな治療施設で「怒りの統御（anger management）」と名づけられた認知療法的な治療プログラムが行われている。アルコール中毒のグループでも、DVの加害者のグループでも、「アンガー（怒り）コントロール」がテーマとして挙げられ、心理士が特製のボードを用意して怒りの生じるプロセスをグループに説明していたものだ。そしてそれらのマニュアル等を参照しても、怒りに対する同様の理解に基づいていることが多い。すなわち「自らの怒りをコントロールするためには、その際に自分の心におきている恥などのさまざまな内的感情に耳を傾けよ」という方針である。

さらにタングニーらは、恥の感情を強く持つ傾向のある人がどのように怒りの感情を処理するかについての調査を行っている。それによれば「恥に陥りやすい人ほど、怒りを破壊的な形で表現する傾向にある」という結果が示されている、というのだ。

健全な自己愛、病的な自己愛

さて以上で怒りの二次的、防衛的な意味合いについては一応強調できたつもりである。私たちは怒りの背後には自己愛の傷つきがあるのだ、ということを自覚することで、自分が他人に向けている感情の正当性に疑いを差し挟むことができ、結果的に怒りを鎮めることができる場合もあろう。「俺って、なんでこんなに怒っているんだろう？　よほど自分が傷つけられたのだ」という反省が生まれるからである。そしてその怒りが表現されてしまい、他人の自己愛を傷つけ、それだけでなく精神的意味でも「処刑」してしまい、さらなる怒りの連鎖を招くといった事態もある程度は防げるかもしれない。

しかしこの種の自覚を深めることで人は最終的には怒ることがなくなり、社会は平和になるのだろうか？　おそらくそう簡単には行かないだろう。多くの防衛機制について言えることだが、それには何らかの本質的な存在理由が伴うことが多い。怒りの必然性や正当性についても検討しておかなければならない。恥の反転としての怒りにも、その人自身のプライドや社会的生命を守るという役割は消えてはいないというわけだ。

自己愛を正常範囲まで含めて考えるのは現代の趨勢でもある。一つの連続体として自己愛を考え、それは中心に健全な部分を持ち、周囲に病的に肥大した部分を持つというイメージを考えればよい（図1）。ここで健全な自己愛とはわが身を危険から守るという一種の自己保存本能と同根である。そしてその具体的な構成要素としては、自分の身体が占める空間、衣服や所持品、安全な環境といったものが挙げられよう。

また周囲の病的に肥大した部分には、偉い、強い、優れた、ないしは常に人に注意を向けられて当然であるという自己イメージが相当することになる。

この自己愛の連続体を考えた場合、怒りは、そのどの部分が侵害されてトラウマが生じた時も発生することになろう。病的に肥大した自己イメージの部分が侵害された場合に生じる破壊的な怒りについてはすでに論じたが、健全な自己愛が侵害された場合には、自己保存本能に基づいた正当な怒りが生じる。その際は恥よ

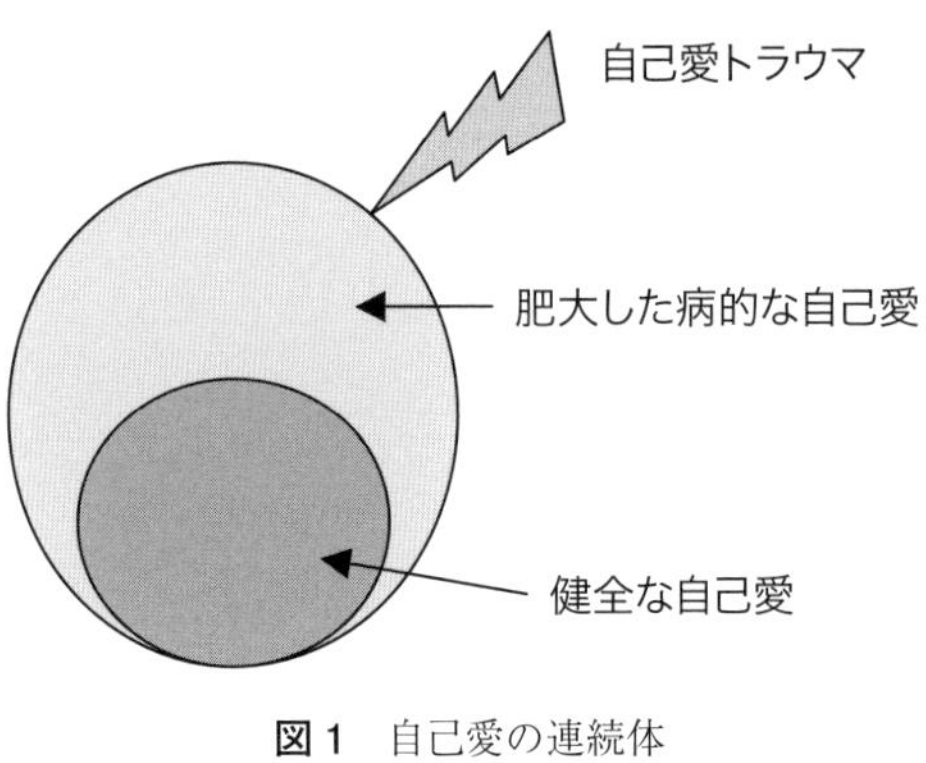

図1 自己愛の連続体

りもさらに未分化な、一種の反射ないしは衝動が怒りに転化するのだ。そしてこちらは一次的な感情としての怒り、と考えるべきなのである。

ただしここに問題が生じる。自己愛が連続体である以上、それが侵害を受けたと感じたのが健全な部分か病的な部分かは、しばしば当人にさえも区別がつかないのだ。

混んでいる電車で足を踏みつけられた時の怒りという例を再び取り上げよう。その人が自分の存在を無視されたと感じ、大して痛くもないのに踏まれた相手に大げさに咬みつくとしたら、これは病的といえるだろう。しかし実際に足の甲に鋭いヒールが食い込んで耐え難い痛みを生じ、反射的に声を上げて相手を突き飛ばしてしまう場合もあるだろう。こちらは誰の目にも明らかな苦痛であり、それに対して生じた怒りは正当なものとして映るはずだ。以上の例は両極端でわかりやすいが、大概の場合、足を踏まれて腹を立てた際の私たちの怒りはどちらの要素も伴った複雑な存在であることが多い。

一次的な感情としての怒り

そこでこの「一次的な感情」としての怒りの由来を考えてみる。それは自己保存本能と同根である以上、進化の過程のいずれかの時点で生物に与えられ、そのまま継承されたはずである。

かつてポール・マクリーン(7)という学者は、脳の三層構造説を唱えた。彼によれば、脳は大きく分けて三つの層からなっていて、攻撃性は最も古い層である「爬虫類脳」にすでに備わった、自らのテリトリー(縄張り)を守る本能に根ざしたものであるとした。マクリーンのいう爬虫類脳は脳幹と小脳を含み、心拍、呼吸、血圧、体温などを調整する基本的な生命維持の機能を担うとともに、自分のテリトリーを防衛するという役割を果たす。たとえばワニは卵を産んだ後にはしばらくその近辺に残り、侵入者があれば猛然と攻撃を仕掛ける。しかしその時にワニが「怒って」いるかといえば、そうではない。そう見えるだけである。感情をつかさどる大脳辺縁系は、ひとつ上の層である「旧哺乳類脳」のレベルまで進化しないと備わらないからだ。

そしてここでいうテリトリーを象徴的な意味も含めて用いるなら、それを守る本能は、すでに述べた人間の健全な自己愛の原型と考えることができるだろう。それは自分や子孫を守る上でぎりぎりに切り詰めた「縄張り」を維持するためのものなのだ。

ウォルター・キャノン(8)という学者が一九二九年に、動物が危険にさらされた時の二つの反応パターンとして「闘争逃避反応」を見出した。危機的な状況では、戦うか逃げるかのどちらかの選択肢しかない、というわけである。そしてその際に、大脳辺縁系をも含めた自律神経の活発な動きに注目したのだ。カモシカは身近に迫ったハイエナやライオンを目にすることで、大脳辺縁系に属する扁桃核や中脳の青斑核といった部位が刺激され、交感神経系が興奮し、闘争や逃避の態勢に入る。この時カモシカなら怒りや恐怖に近い感情を体験しているはずである。その怒りはあくまでもテリトリーを守るための正当なものである。そしてこの部分をそのまま引き継いだのが、私たちの怒りのうち「一次的感情」に属する部分というわけである。しかしカモシカは恥の感情を介した怒りには無縁である。恥とは人間に特権的に備わっている「自意識的感情」だからである。

自意識を獲得し、そのために自己愛を肥大化させるにいたった人間も、やはり自分や子孫の生命を守る必要がある。その必要は生物としての存在に由来し、自己愛的で鼻持ちならない輩も、つつしみ深くてへりくだった人間も同様に有しているのである。一次的な怒りはその生物としての人間が維持されるために必須のものと考えられるのだ。

「怒りの自己愛トラウマ」モデルに基づいて――怒りをどのように処理すべきか

本章のこれまでの話から、このような怒りについての理解の仕方を「怒りの自己愛トラウマ」モデルと呼ぶことには納得していただけるだろう。そこでこのモデルと臨床との接点ともいうべき問題に立ち返りたい。それは「私たちは自己愛的な怒り、つまり二次的な感情としての怒りを昇華することができるだろうか？」である。この問題は私たちが他人と良好な関係を損なわず、しかもよけいなフラストレーションを抱えずに生きていくためにきわめて重要なことである。

しかしこれに対する明快な回答などおそらくない。正当な怒りも、恥に基づく怒りも、いったんそれが生じてしまった段階では同じ怒りなのだ。おそらくその怒りの性質の違いがわかるのは、そばにいて眺めている他人なのだろう。他人が「これは当然の反応だ。自分だって怒るだろう」と思えるか、「あんなことで怒るなんて、よほどプライドが高いのだろう」と感じるか、である。とすれば先の問題に対する解答とは、「最初から自分の自己愛が肥大しないように心がけること」ぐらいしかないのだろう。しかしそうは言っても、人は自分の自己愛がどの程度肥大しているかを常にチェックすることなどできない。それどころか自己愛が肥大すればするほど、その種のチェック能力が損なわれてしまうのが通例なのだ。とすれば、日常生活で体験する自分の怒りを一つ一つチェックすることくらいしかできないのだろう。毎回ムカッとしたときに自分に尋ねてみるのだ。「今自分は何に傷ついたのだろう?」おそらくそれができた時点で、二次的な怒りのかなりの部分はその破壊力を失っているはずである。

参考文献

（1）宮城音弥（編）『心理学小辞典』岩波書店　一九七九
（2）岡野憲一郎『気弱な精神科医のアメリカ奮闘記』紀伊国屋書店　二〇〇四
（3）Morrison, A. P.: Shame: The Underside of Narcissism. The Analytic Press, 1997.
（4）Nathanson, D. L.: Shame and Pride: Affect, Sex, and the Birth of the Self. W. W. Norton & Company, 1994.
（5）Goldberg, C.: Understanding Shame. Jason Aronson, 1992.
（6）Tangney, J. P., Fischer, K. W.: Self-Conscious Emotions. The Psychology of Shame, Guilt, Embarrassment, and Pride. Guilford Press, 1995.
（7）Maclean, P.: The Triune Brain in Evolution: Role in Paleocerebral Functions Springer, 1990.
（8）Canon, W.: The Wisdom of the Body. W. W. Norton & Company, New York, 1932.

第2章　アスペルガー障害の怒りと「自己愛トラウマ」

私はかつて三年間ほど米国の州立病院の思春期精神科病棟で患者の治療に携わった。そこでは来る日も来る日も思春期の患者の怒りの暴発の処理に追われた。もともと非行や行為障害の前歴のある少年たちが多く入院していたこともあり、病棟で患者がスタッフや他の患者に暴力をはたらき、椅子を投げたり壁を壊したりという暴行を見せるということが頻繁に起きていたのである。私のオフィスは病棟のすぐ外の廊下に面していたため、何か騒ぎがあると声が聞こえ、一瞬おいて電話連絡が入り、私はすぐに駆けつけるということが日常茶飯事だった。すると大抵は一人の患者が大声を出して騒いでいて、数人の看護師に組み伏せられていたり囲まれていたりするシーンに遭遇した。その暴行が看護師の介入による説得だけではおさまらない時は、今度は制服姿でキャンパスを巡回している警備員が駆けつけ、少年（少女の場合ももちろんある）は四肢拘束（両手足を紐でベッドにくくりつけられた状態）を施されて保護室に入る。はじめは怒り狂い、大声で悪態をつき、もがいて手足を振りほどこうとしていた少年が、やがて落ち着きを取り戻し、憑き物が取れたような表情になり、場合によっては神妙な顔つきになり謝罪の言葉を漏らすといった一連の流れを毎日繰り返して観察することになった。

もちろん私は警備員や四肢拘束などの強制力を加えることなく少年たちの怒りを鎮めようと、あらゆる手段を試みた。患者たちに対して言葉でかかわり、その怒りを鎮めようとしても、ほとんど効果を発揮できないという失望体験を何回も持った。結局薬物の投与や四肢拘束の使用といった方法以外に彼らの暴発を止める有効な手段はあまりないことが多く、これは当時精神分析家になるためのトレーニング中であった私にとっては大きな失望であった。

しかしただし一つ患者たちの話が一致しており、非常に納得したことがある。それが「自己愛トラウマ」の理論にもつながったわけであるが、それは彼らの暴力が始まる際には、まず彼ら自身が傷ついていると感じていることだ。彼らが異口同音に語るのは、「自分たちは最初に挑発された。馬鹿にされた。だから自分たちが被害者なのだ」ということであった。スタッフに生活上の注意を受けたり、同じ病棟に入院している患者に馬鹿にされ、からかわれたりという一見些細な体験が彼らのプライドを深く傷つけ、それが彼らの怒りの暴発の引き金となっていたのである。

破壊衝動を示す人の多くが、実は自分たちが被害者だと考えているという事実が、問題を非常に複雑なものにしていることを知ったことは非常に有益だった。どれほど凶悪で破壊性に満ちた雰囲気を持つ少年でも、その内側に敏感な部分、自らのプライドに関わる部分を抱えている。怒りはその部分に触れた際に爆発的に生成されるのである。

この自己愛の傷つきが怒りを生むという仕組みが、「怒りの自己愛トラウマモデル」というわけだが、実はこの部分を説明しようにも、少年たちはこのプライドの傷つき部分についてはあまり認めようとしない。それを認めることは自分たちの弱さを受け入れることだと感じているせいなのだろう。彼らは自分の怒りの正当性を声高に主張する一方では、心の中で傷ついている弱い自分には容易に目を向けようとしなかった。彼らの多くはむしろ自分たちが本来暴力的な人間であるということを信じたがっていたのである。そしてこのことが、彼らの自己愛トラウマの存在をより見えにくくしていた。暴力に訴えた少年を実は傷つけてしまっていたということを、周囲の人間は多くの場合気づくことなく、いわば少年のトラウマの加害者はあいまいなままにされてしまうのである。

「怒りは抑圧され、暴発する」という常識

「本来怒りは人の心の中核部分に存在する」という考えは、実は世間の人びとの間に根深く存在している。それは古典的なモデルであり、「怒りの暴発モデル」とでも名付けるべきものだ。こちらの方が「自己愛トラウマモデル」よりもっと素朴に、おそらく大部分の人びとにとってなじみ深いものだろう。

従来日本語には「堪忍袋の緒が切れる」という表現がある。また昨今は「キレる」という言葉が流行っている。これらは奇しくも「きれる」という表現を共有するが、そこには「はりつめる」「解き放たれる」「爆発する」といった運動のニュアンスが伴う。

しかし「きれる」にも二つの異なる状況があるといわれる。[1]すなわち常に「ムカついて」いる状態

で生じる常態的な怒りと、怒りをほとんど示さない子どもが突然見せる突発的怒りであるが、これらはある意味では正反対の性質を有していると見ていい。このように「きれる」という私たちの体験に近い表現さえも二種類に分類されてしまうほどに、人間の怒りという問題は多様であり、その性質は時には互いに矛盾した性質を示すのである。

ともかくも怒りの「怒りの自己愛トラウマ」説と、「怒りの暴発モデル」はどちらが正しいのだろうか？

ここで読者の問題意識を喚起する意味で、ある理屈を提示したい。

俗に「ガス抜き」ということが言われる。抑えられていた怒りが爆発することを防ぐためには、何らかの刺激を加えることで「ガス抜き」を図り、発散させる必要がある、という論法は時々耳にする。いかにも「怒りの暴発モデル」に沿った発想だ。新聞の見出しなどで、アジアの近隣の某大国に関して、「農民の反政府的な感情が非常に高まっているので、時々政府主導の小さな暴動を起こさせ、ガス抜きをすることで大事に至らぬようにしている」というような解説を読んだ方も多いだろう。

しかし果たしてこの「ガス抜き」の方法はうまくいくのだろうか？　農民の暴動の対応に苦慮している隣国の地方の役人としては、このモデルの信憑性は、それだけ切実な課題であろう。そしてもちろん同様の問題意識は、私たち自身が持っておかしくない。常に怒りの発露を求めているような青少年への対処を迫られる立場の人たちにとって、どこまで「怒りの暴発モデル」に基づいて判断を行うことができるかは重要な問題である。先に述べた某大国でも、中央政府の指導者の動きを見る限り、意図的で計画されたガス抜きを行っているようには思えない。徹底した弾圧を行うかと思えば、その時々の国際情勢により恣意的としか思えない方針の転換を図っているように見受けられる。

要するに「ガス抜き」に見られる「怒りの暴発モデル」は常に正しいわけではないことを人は経験的に知っているのである。それは場合によっては非常にうまく行き、別の場合には逆効果を生む。つまり状況次第で正反対のアプローチが必要となるのである。とすれば青少年の怒りを目の当たりにする私たちはこのモデル以外にも別のものを必要としているのであろうか？　まさにそれがこの章で問われることになる。

「怒りの暴発モデル」は精神分析が起源である

少し脇道にそれるが、「怒りの暴発モデル」は、精神分析にその起源があることについて触れておきたい。それは分析的な言葉では「抑圧‐発散モデル」と言い換えることができる。一〇〇年以上前にフロイトが、リビドー論というのを考えた。心とはある種のエネルギーの流れであり、それが何らかの形で貯まると、苦しくなって発散されると考えたのである(3)。

ただしフロイトが最初にこの精神エネルギーとして想定していたのは、性的なエネルギー、すなわちリビドーであった。攻撃性については、考えていないわけではなかったが、あまり注意は払っていなかったのである。ところが第一次世界大戦における人の攻撃性の猛威を目の当たりにして、フロイトはこの問題により注目するようになる。そして最終的には死の本能の一部として攻撃性を受け入れるようになっていった。

このフロイトの「抑圧‐発散モデル」に従えば、怒りの理解は比較的単純明快なものとなる。とはいえ抑圧を取り去り怒りが解放されれば問題は解決するのかといえば、それほど単純ではない。フロイトの心の理解に従えば、怒りの発散それ自体は、むしろ治療の失敗を意味することにもなるのだ。それは防衛としての抑圧の破綻を意味し、行動化や症状形成と同類のものとも考えられるのである。

この「抑圧‐発散モデル」で重要なのは、性的ないしは攻撃的なエネルギーは罪悪感や羞恥心を生むために、人はそれを自覚できずに無意識に押し込む（抑圧する）というプロセスである。抑圧された怒りが解放されるためには、それを意識化し、理解する必要がある。それによりその感情は抑圧され続ける必要がなくなり、したがって後に暴力のような形で急激に発散される怖れもなくなるわけだ。そしてそのために無意識内容を探る精神分析が考案され、実践された。ただしこの無意識内容の探索というプロセスがいかに多くの困難を伴うものだったかは、フロイト以降、二〇世紀前半の精神分析的な臨床研究の歴史が物語っているのである。

ではなぜフロイトの発想以来一〇〇年も経っているのに、この「抑圧‐発散モデル」は健在なのだろうか？　その間に脳科学は長足の進歩を遂げたはずなのに、この「水力モデル」的な考え方がいまだに多くの支持を得ているのはなぜなのであろうか？　それはこれが私たちの日常体験に合致している部分があるためだ。それを以下に見てみよう。

「抑圧‐発散モデル」は日常体験により近い

ところでここで紹介している「抑圧‐発散モデル」の考えを支持する多くの人は、このモデルとフロイト理論とのつながりなど知らないのが実態であろう。そもそも一般人の大部分はフロイトの著作などはあまり読んだことはないし、特に関心を向けているわけでもないはずだ。「抑圧‐発散モデル」に表されるような考え方は、むしろ俗説のようにして、精神分析理論とは無関係に一般人の間で流布しているのである。なぜならそれが私たちの日常体験に密着しているからである。

一番典型的なのが生理現象だ。消化の悪いものが胃に溜まることで嘔吐反射が生じ、吐き出すことで爽快感を得る。溜まった排泄物を一気に出し切ることにより楽になる。性的な欲動もまたこのモデルによく従うことはご存知だろう。

ただし、この「抑圧‐発散モデル」が当てはまるかどうかが微妙な生理現象も少なくない。単純な例として咳を考えよう。会議中などに咳を堪えていた人などは廊下に出て一気に咳をして治まることもあるだろう。しかし場合によってはそれがかえって気管の粘膜をよけいに刺激してしまい、咳が止まらなくなってしまうということもある。あるいは癲癇を考えてみよう。癲癇発作の後には一時的に閾値が高くなり、かえって発作がおきにくくなることが知られている。それはあたかも、それまで貯まっていたエネルギーが発散されたという印象を与える。しかし時には一度始まった癲癇がとまらずに「重積状態」になることも知られているのだ。

怒りに関する「抑圧 - 発散モデル」についても、実はそれに当てはまらないケースが日常生活で観察される。確かに激しい怒りを表現した後、人は反省の気持ちが湧いたり、自己嫌悪に陥ったりすることも多い。また別の人にとっては怒りにより人を傷つけることで目的が達成されたことになり、怒りは消失するだろう。これらの例においては怒りは「抑圧 - 発散モデル」に従っていることになる。ところが人によってはいったん始まった怒りの表現はさらにエスカレートし、しばらくはその嵐を見守るか、あるいは力により押さえ込むしかないという場合もある。冒頭で述べた「ガス抜き」も、為政者はまさにこの両方の可能性を想定して注意深く用いなければ、一気に政権の転覆にまで発展しかねないのである。

二つのモデルで「アスペルガー障害」の怒りを理解する
――「浅草通り魔殺人事件」を例に

随分話を迂回させてしまった。本章のテーマは「アスペルガー障害の怒りと『自己愛トラウマ』」であった。ここまで「怒りの自己愛トラウマモデル」と「暴発モデル」を説明してきたが、どちらが正しいのかではなく、モデルとして両方持っておくべきなのだ。実際怒りが問題となるケースでは、この両方のモデルが必要となることもあるからである。そのことを、アスペルガー障害における怒りの問題を通して考えようと思う。

二〇〇一年四月三〇日、東京の浅草で十九歳の短大生が刺殺されるという事件が発生した。ずいぶん前の話だが、犯人のレッサーパンダの帽子をかぶった奇妙な男の写真を覚えている方も多いだろう。札幌市出身で当時二九歳の無職のこの男は、普段は非常におとなしい性格だったというが、浅草の繁華街で見かけた女性に「友達になりたいと思って」声をかけようとして、結局この凶行にいたったという。「歩いていた短大生に、後ろから声をかけたらビックリした顔をしたのでカッとなって刺した」と供述しているとのことである。(6)

私たちが日常出会ったり、メディアで接したりする怒りの多くは同様の不可解さを少なからず備えている。この事件でも青年は普段はおとなしく、この種の暴力行為は予測しがたかったと言われている。そしてこの「びっくりした顔をしたのでカッとなった」という説明などはほとんど意味不明である。

私はこの事件に直接かかわったわけではなく、公に報告された情報以外は持たないが、ひとついえることは、この種の怒りの理解にはやはり「暴発モデル」と「自己愛トラウマモデル」の両方が必要だということである。そしてこの男がアスペルガー症候群（広汎性発達障害のひとつ）であったことも重要な決め手となる。

ここからは私の憶測であるが、男はおそらく普段他人から相手にされていないことにいらだち、フラストレーションをためていた可能性がある。アスペルガー症候群にしばしば見られるのはこの種の被害者意識であり、自分を理解しない社会への憤りである。(7) 興味を持った女性に対して向けられた攻撃性の一部はそれに関係しているのだろう。そしてここまでは「抑圧‐発散モデル」である程度説明ができる。

一方で、おそらく男はこの若い女性に「びっくりされた」ことにプライドを傷つけられた可能性が大きい。馬鹿にされた、というのが体験としては近いのではないだろうか。つまり「自己愛トラウマ」だった可能性があるのである。もちろんそう感じた思考過程はブラックボックスの中であるが、人の表情に見られる感情表現を誤認する、あるいは理解できないという問題は特にアスペルガーの患者さんたちに顕著である場合が多い。(7) レッサーバンダ帽の男が、女子短大生の驚きという、状況からは自然な表情を別のものと誤認してプライドを傷つけられたと感じ、怒りを暴発させた可能性は十分にある。そしてこちらは「自己愛モデル」による説明となるのだ。

最後に――対応へのアイデア

「抑圧‐発散モデル」と「自己愛トラウマモデル」を用いた理解により、怒りに関する研究が大いに進展するかというと、その保証はあまりないかもしれない。ただ怒りの暴発に対応する上でのいくつかのヒントを与えてはくれる。それに簡単に触れて本章を終えたい。

怒りへの対応の重要なヒントは、怒りを爆発させている人に対する非難や叱責はおそらくほとんど効果がないということだ。なぜならば彼らはすでに被害者としての意識が高いからである。彼らをさらに非難することはその被害者意識を増幅させ、まさに火に油を注ぐような結果を招きかねない。

しかしもちろん怒りや攻撃性を野放しにすることはできない。結局彼らに対する意味のあるかかわりとは、その怒りを抱えること、枠組を提供することなのである。非難や懲罰のメッセージを含まずにそれ相応の処理をし、現実への直面化をうながす。そして少なくとも彼らの自己愛の傷つきの部分については共感することが重要であろう。

怒りの発散を回避するために有用なスキーマ（考え方のパターン）を提供することも時には有用であろう。心理療法の世界には「鉄は冷めてから打て（!?）」というアフォリズムがあるが、それに従って興奮が冷めたころを見計らって彼らに語りかけるのだ。あいにくアスペルガーの人たちは認知療法的なプロセスになじまないことが多いが、彼らのこだわりと戦おうとすることなく、むしろその裏を突いたり「外し」たりすることでその世界観が変わり、怒りがトーンダウンすることもある。しかしどのようなスキーマが誰にいつ役に立つかはおよそ予測が付かないことが多い。

アスペルガー障害における「自己愛トラウマ」を扱うことの難しさは、やはり彼らのトラウマの体験の仕方自体が周囲から理解しにくく、また予想がつきにくいということにある。彼らのトラウマの加害者はあいまいであったり不在であることが多いのだ。本章で紹介した「浅草通り魔殺人」の場合には、犯人の「自己愛トラウマ」の「加害者」の女性は、事件の最大の被害者なのである。何しろ付きまとわれた男性に対して恐怖の表情を示すというごく自然な反応を見せただけなのだから。

ただし私が最後に付け加えたいのは、以上述べたことはアスペルガー障害を有する人びと一般に当てはまるわけではないということである。アスペルガー障害を持つ人びとがより高い犯罪傾向や加害性を持つということはない。彼らの大部分は社会に害を及ぼすことのない良き市民である。私はただ、この事件に関与したような一部のアスペルガー障害を持つ人が、この理解しにくい「自己愛トラウマ」を体験し、それが他者に対する加害行為に発展することがあるという事実を述べているだけである。

これは次の章「凶悪犯罪と『自己愛トラウマ』」でも述べることであるが、「自己愛トラウマ」を負った人びとに少しでも救いの手を差し伸べることで、致命的な加害行為を防止できる可能性がある。そしてその最初のステップが、このアスペルガー障害における自己愛トラウマの実態を理解することと言えるのである。

参考文献

（1）遠藤利彦「『正当な怒り』の発達」『児童心理』六〇巻一三号一一六九―一一七四　二〇〇六
（3）Tavris, Carol: Anger: the Misunderstood Emotion. Touchstone, 1982.
（4）レオン・フェスティンガー著、末永俊郎訳『認知的不協和の理論――社会心理学序説』誠信書房　一九六五
（5）岡野憲一郎「怒りについて考える――精神分析の立場から」『児童心理』六〇巻一三号一一八一―一一八五　二〇〇六
（6）佐藤幹夫『自閉症裁判――レッサーパンダ帽男の「罪と罰」』洋泉社　二〇〇五
（7）十一元三「アスペルガー障害における臨床的問題の多様性――年齢と精神発達に伴う変化（講演）」第二八回平成心身医療研究会　平成一九年七月一二日　ホテルメトロポリタンにて

第3章　凶悪犯罪と「自己愛トラウマ」――秋葉原事件を読み解く

はじめに

本章では、二〇〇八年に起きたいわゆる「秋葉原通り魔事件」を考える。この事件で犯人が無差別殺傷に至る直前に見られた心の動きを、「自己愛トラウマ」という概念からある程度読み取れるであろうというのが私の立場である。

この事件は二〇〇八年の六月に東京の秋葉原で発生し、七人が死亡、一〇人が負傷したというものである。その唐突さと残虐性のために、おそらく私たちの多くの心に鮮明に記憶されているだろう。犯人の運転する二トントラックは、交差点の赤信号を突っ切り、歩行者天国となっている道路を横断中の歩行者五人を撥ね飛ばした。トラックを降りた犯人は、それから通行人や警察官ら一四人を立て続けにダガーナイフでメッタ刺しにしたのである。

犯人は青森県出身の二五歳の男性ＫＴで、岐阜県の短大卒業後、各地を転々としながら働いていたという。「生活に疲れた。世の中が嫌になった。人を殺すために秋葉原に来た。誰でもよかった」などと犯行の動機を供述したが、携帯サイトの掲示板で約千回の書き込みを行っていたという。携帯サイトを心のよりどころにしていたわけだが、そこでも無視され続けたという思いが募り、さらに孤立感を深め、殺人を予告する書き込みを行うようになっていった。当日の犯行の直前にも、沼津から犯行現場まで移動する間に約三〇件のメッセージを書き込んでいたという。

この事件の直後、当時の官房長官は刃物の所持規制強化を検討すると述べた。また千代田区は秋葉原の歩行者天国を当分の間中止すること、区立の小中学校に子どもたちの精神的ケアを行うカウンセラーを派遣することを決めている。さらに犯人が派遣社員であったことから、若者の雇用環境が厳しくなっていることが将来への希望を失わせ、事件の動機になったとする見方も出た。事件後複数のサイトにおいて、殺人などの犯罪予告が相次いだ。ほとんどが悪戯とされているが、小中学生が行ったものもあるという。

極めて凄惨で、日本人を震撼させたとはいえ、すでに旧聞に属しかけたこの事件について私が考察する理由がある。それは犯人が最近になり獄中から手記を発表したからだ。それが『Psycho Critique 17［解］』（批評社、二〇一二）である。そしてその手記を読む限り、事件には犯人の自己愛の傷つき、「自己愛トラウマ」が関係していると考えられるのである。

ところで本章では、私は犯人でもあり筆者でもある男性をそのイニシャルである「ＫＴ」とだけ記すことにする。もちろん彼は実名でこの手記を書いているわけだが、なぜか私は本章で彼の実名を出すのがはばかられる。また秋葉原で起きた事件についてもできるだけ詳述を避け、「事件」と書くことにする。それはこの事件の直接の内容に触れることに抵抗を感じるからだ。軽々しく論じられないほどに多くの人びとが犠牲になっているのだ。

もっと言えば、この『解』という書が刊行されたことにも私は疑問を覚えるところがある。多数の人びとを殺傷した人間が、なおかつ自分の考えの表現の機会を与えられていいのだろうか。この種の自己表現は、KT自らが認めているように、「誰かが自分のことを考えている」と想像することを可能にし、彼にとっては願ってもない癒しとなる可能性があるのである。だからこのような本は、せめて彼の話を聞き取った第三者が著すべきではないかという気持ちはある。その意味で彼の手記を読んで考察をする私もある意味では「同罪」かもしれない……。

KTの手記は彼が事件に至るまでの体験の記述であるが、その細部にわたり解説を加えることは本書の紙数の関係で不可能である。そこで本章ではKTについての精神医学的な「診断」に基づいた議論を主に行おうと思うが、その前に彼が「事件」を起こすまでの人生について記述した中で、注意を引いた点を二つ述べておきたい。

一つはKTの人生の中で特徴的な、極端でおそらく病的な「寂しがりや」の傾向である。彼は「高校時代は昼間は学校に行き、授業が終わると友人宅に直行して深夜まで遊び、休日は朝から友人と遊んでいました」（p.16）とし、高卒後進んだ短大でも、寮生活で常に誰かと一緒に過ごし、長期休暇には高校時代同様友人宅に泊めてもらったという。つまり彼は人生の一時期までは、常に誰かと一緒に過ごす以外の生き方をしてこなかったことになる。

ＫＴはその後埼玉の工場に派遣で勤めるようになるが、仕事が終わり寮に帰っても寝るには早すぎ、そこで初めて一人ですごす時間ができた。それが彼にとっては地獄だったというのだ。彼は世の中から自分がたった一人取り残された感じがし、それは「マジックミラー越しに世界を見ているようなもの」（p.16）であったという。つまりこちらは相手が見えても、相手が自分のことを見ていない。その状態が恐怖となるのだという。

もう一つは、ＫＴが心に人を思い浮かべる際の特徴である。彼は寂しさを紛らわすために、心の中に誰かを思い浮かべればよかったのではないか？　これについて彼自身が書いている。「私が頭の中に友人を思い浮かべても、その友人は私のことは考えていない、と私は感じてしまうのだ」（p.17）。そしてそのようなＫＴが、やがて孤独感を癒す方法としてインターネットの掲示板を利用することができることを知る。掲示板へのメッセージに対して投稿すると、それに対して即座にメッセージをくれる人がいることで、彼はその人が事実上そばにいるのと同じであると感じることができ、一息つけたのである。こうしてＫＴはインターネットの掲示板に依存し、心の支えとしていく。そしてその支えの破綻が秋葉原での「事件」を生む間接的な原因ともなるのだ。

以上の二点を参考に、ＫＴの「診断」を考えてみたい。

KTの診断は何か？

「診断」とひとことで言っても、それを実際の人間に下すことは容易ではない。ましてやKTに直接対面したことのない私が安易に診断を口にするのは不用意かもしれない。だから私の論述はあくまでも本書『解』を読んだ上での「診断的な理解」についての考察であることをお断りしておきたい。

人間の心理は複雑である。誰ひとりとして一定の決まったパターンに合致した思考や行動を示す人はいない。しかしある深刻な事件が生じた時に、私たちはそれが起きた原因を知りたいと欲し、犯行の動機を一元的に説明しようとする。

「何かの原因があるはずだ。」

そして『解』を読み始めた私も同様に「事件」の「解（答）」を求めて読み進めた。しかし読み終えて、それも幻想であったことをあらためて思う。『解』そのものがさまざまな、一元的には説明不可能な情報を伝えているし、「解（答）」もそれだけ複雑でファジーなものにならざるをえない。そしてそれは私の心にある「解（答）」でしかなく、本書に登場するほかの方々のそれも、それぞれ独自なものとなっているはずだ。

人を一元的に理解し説明する試みのひとつが、精神科的な診断というラベリングである。ラベリングは一種の決めつけであり、レッテル貼りであるが、少しは理解の役に立つ。「ラベルは、剝がすために貼るものである」と私はいつも言っているが、とりあえず貼って、貼り心地を見るだけでもいいのだ。気に入らなかったらいつでも剝がせばいい。

いわゆる境界パーソナリティ障害か？

その心づもりでＫＴの精神医学的な診断の可能性を考えてみよう。おそらく境界パーソナリティ障害（以下ＢＰＤ）は比較的容易に当てはまるように思う。慢性的な自殺願望、孤独の耐えがたさ、攻撃性、「自分のなさ」、白か黒かの考え、感情の激しさ……。ＤＳＭがＢＰＤについて挙げている結構な数の診断基準を満たしている。「ＫＴがボーダーライン（ＢＰＤの別の呼ばれ方）だって？」と言われるかもしれないし、私も自分に「本気かな？」と問うている部分がある。しかしそれは診断がラベリングであるということを思い起こせば消える疑問である。もちろんＫＴは一般的なＢＰＤのプロフィールには合致しない。ＢＰＤは女性に多いことが知られているが彼は男性であり、またリストカットや自殺企図があるわけではない。しかしそれでも彼は診断基準を結構満たすのである。

反社会的パーソナリティ障害か？

二つ目の診断としては、反社会的パーソナリティ障害（以下ＡＳＰＤ）が思い浮かんでもおかしくない。しかしこれは意外に当てはまりにくい可能性がある。ＡＳＰＤは、ＤＳＭ的に言えば、法律を遵守しないなどの違法性、人をだます傾向、攻撃性、良心の呵責のなさ、の四つの柱があり、これらがその人の行動にパターン化している必要がある。このうち法律を守らない、人をだます、という傾向はＫＴにはあまりなさそうなのだ。借金を踏み倒すどころか、むしろ遠路はるばる返済しに行き、相手に感謝されるというエピソードが紹介されているくらいである（p.42）。ＫＴは人と関係を結ぶためには正直にもなるというところがあるのだ。

攻撃性や良心の呵責のなさにしても、あまりすっきりとは当てはまらない。多くの人びとを殺傷するなどは攻撃性の最たるものではないかと思われそうだが、それらを根拠に攻撃性の基準を満たすと考えたとしても、彼の場合それが日常的な行動の中にパターン化したかといえば、そうとも言えないのである（ただし彼のあからさまな攻撃性は中学時代にも見られたことが手記に述べられている（p.164）。ＫＴは中学生のころ、クラスメイトを思いっきり殴り、危うく失明させるところであったという。そして半年後に彼は再び同じクラスメイトに対して暴力的行為をとったという）。良心の呵責のなさについては、これこそはＫＴに典型的に当てはまりそうだが、これ一つではＡＰＤの根拠としてはあまり説得力がない。

ここで念のためＤＳＭ―ⅣのＡＳＰＤの診断基準の一部を示そう。

Ａ　他人の権利を無視し侵害する広範な様式で、十五歳以来起こっており以下のうち三つ（またはそれ以上）によって示される。

１　法にかなう行動という点で社会的規範に適合しないこと。これは逮捕の原因になる行為を繰り返し行うことで示される。
2　人をだます傾向。これは自分の利益や快楽のために嘘をつくこと、偽名を使うこと、または人をだますことを繰り返すことによって示される。
3　衝動性または将来の計画をたてられないこと。
4　易怒性および攻撃性。これは、身体的な喧嘩または暴力を繰り返すことによって示される。
5　自分または他人の安全を考えない向こう見ずさ。
6　一貫して無責任であること。これは仕事を安定して続けられない、または経済的な義務を果たさない、ということを繰り返すことによって示される。
7　良心の呵責の欠如。これは他人を傷つけたり、いじめたり、または他人のものを盗んだりしたことに無関心であったり、それを正当化したりすることによって示される。
（高橋三郎、大野裕、染矢俊幸訳：DSM-Ⅳ-TR精神疾患の診断・統計マニュアル　医学書院　二〇〇二）

どうだろうか？　KTに関しては1は微妙。2も微妙。3は満たし、4も満たすとしよう。しかし5も微妙、6もイマイチ。7は満たす、となるとギリギリ三つとなる。いちおうAPDと診断してよさそうだが、あまり典型的ともいえないのだ。

やはり可能性の高いアスペルガー障害

さて三番目の診断は、当然ながらアスペルガー障害である。KTの精神鑑定の進捗状況は知らないが、アスペルガー障害ないしは広汎性発達障害（ＰＤＤ）の可能性についてはおそらく問われることになるであろう。私はこれを一応ＫＴの診断とする。しかし「仮の」としておこう。というのは以下のとおり、この診断は実は微妙な問題をはらむのである。

まず以下に参考のためにＤＳＭ－Ⅳにおけるアスペルガー障害の診断基準を示そう。

Ａ　以下のうち少なくとも二つにより示される対人的相互反応の質的な障害：

１　目と目で見つめ合う、顔の表情、体の姿勢、身振りなど、対人的相互反応を調節する多彩な非言語的行動の使用の著明な障害。

２　発達の水準に相応した仲間関係を作ることの失敗。

３　楽しみ、興味、達成感を他人と分かち合うことを自発的に求めることの欠如（例　他の人たちに興味のある物を見せる、持って来る、指差すなどをしない）。

４　対人的または情緒的相互性の欠如。

Ｂ　行動、興味および活動の、限定的、反復的、常同的な様式で、以下の少なくとも一つによって明らかになる。

１　その強度または対象において異常なほど、常同的で限定された型の一つまたはそれ以上の興味だけに熱中すること。

２　特定の、機能的でない習慣や儀式にかたくなにこだわるのが明らかである。

３　常同的で反復的な衒奇的運動（例　手や指をばたばたさせたり、ねじ曲げる、または複雑な全身の動き）。

４　物体の一部に持続的に熱中する。

（前掲書）

このように見る限りでは、ＫＴはこれらの基準を十分に満たさないようにも思える。少なくとも手記から私たちが知る限り、彼は学校を卒業するまでは、「常に友達と一緒に過ごしていた」ことになっているのである。もし彼に「（Ａ２）発達の水準に相応した仲間関係を作ることの失敗」が見られるとしたら、彼の社会的な孤立は学生時代のかなり早期から起きていたはずである。しかしＫＴの記述からは、かなり友達にサービス精神を発揮し、友達が喜ぶのであれば自己犠牲的に物や情報を提供していた様子が伺える。

「（Ａ３）楽しみ、興味、達成感を他人と分かち合うことを自発的に求めることの欠如」については、それどころか、ＫＴは自分の趣味に関するかぎり、それらを積極的に友達と分かち合うことで、孤立を避けていた可能性がある。

Ｂの「行動、興味および活動の、限定的、反復的、常同的な様式」については不明である。ＫＴはインターネットのゲーム等に精通しているようであり、その意味ではこのＢを満たしている可能性はあるが、それを積極的に伺わせるようなエピソードは、手記を読んでも特別浮かび上がってこない。むしろＫＴの頭にあったのは、いかに他人との交流を維持し続けるか、いかにそのために他人の関心を保ち続けるかということのみのようである。

ＰＤＤの診断基準には直接かかわってこないながら、ＫＴの場合おそらく言語的なコミュニケーションもあまり得意でないはずだ。彼は手記の中で、自分で相手に気持ちを伝えることがなく、いきなり行動に移ってしまうという点を自省しているが（p.93）、それがおそらく証左だろう。そのかわり彼の文章は達者な方と言っていいだろう（もちろん手記がゴーストライターではなく実際に彼の手によるものと仮定した場合である）。インターネットの掲示板への書き込みも、その思い入れの詰まった表現や、他人の書き込みのもつ微妙なニュアンスの読み取り方も、かなり芸が細かい。

それではＫＴはアスペルガー障害ではなかったかといえば、私の理解するアスペルガー障害には合致する面があるのである。私はアスペルガー障害の主たる病理は、共感性の障害であると理解している。共感性とは相手の気持ちを感じ取る能力である。目の前にいる人の喜びや痛みを自分の心のスクリーンに映して感じ取る力。他人を精神的身体的に傷つけることに対する抵抗もそこから生じる。人を傷つけることは、自分にとっても「痛い」ことなのだ。逆に相手の喜びは自分のものとして感じることができるために、相手を喜ばせ、心地よくさせることも自然に行なうことができる。そうやって対人関係が成立し、継続していく。

共感能力には、相手が「考えていること」もその対象に含まれる。私たちはコミュニケーションをする際、相手が何を思って話しかけてきているのかを直感的に感じ取り、それに対応することができる。それができないと「空気が読めない」ということになり、集団から仲間はずれになる。

ＫＴの病理を考える際、ここで精神医学の専門家は引っかかることになる。手記の中で、彼が友達づきあいをし、時には人にサービスをするために自己犠牲精神を発揮することをいとわない点に注目し、この種の共感能力は不足していないのではないかと考える。その点は私も同感であり、したがってＤＳＭの診断によるアスペルガー障害というラベルも「貼りつき」にくいことは認める。「他に分類されない広汎性発達障害ＰＤＤＮＯＳ」あたりが無難ではないかとも思う。つまり準アスペルガーとしてその病理を位置づけるわけである。

ＫＴに見られる怒りの特質――アスペルガー障害の「自己愛トラウマ」

それにしてもＫＴの凶行は凄惨であった。命をなくした七人の方々やご遺族、負傷した一〇人の方々にとっては、まさに耐え難い体験であったはずだ。「どうして自分や家族がこんな目に遭わなければならなかったか……」とさぞかし無念であったろう。ＫＴはこうして怒りを表現した。しかし理不尽にも犠牲になった方々の怒りはどう表現され、どう処理されるべきなのだろう……。

このように述べたからと言って、アスペルガー障害の人びとは危険であるという一般化は決してできない。それだけははっきりさせておこう。しかし彼らが時に示す激しい怒りの背後には、発達障害の病理が深く関係していると思わざるをえない。それが人の気持ちを推し量ることの困難さである。

一般にアスペルガー障害の人びとは他人の気持ちを読み取ることが不得手である。ただしそれは、不可能ということとは違う。事実アスペルガー障害という診断をつけることにあまり躊躇しないケースであっても、多くの場面で他人の気持ちを読み取り、感じ取ることができることは確かだ。アスペルガーの人たちの大部分は、対人関係を求め、それが得られないことを苦痛に感じる「寂しがり屋」である。

ところがやはり彼らの一部においては、対人コミュニケーションに特徴、いや欠損があると考えざるをえない。それはしばしば猜疑心や被害念慮という形で現れる。彼らが持つのはコミュニケーションの微妙なレベルの障害であることも、そこには関係している。全く通じないのであればまだわかりやすいのだろう。しかし彼らは、一見気持ちが通じているようで実は通じていない対人関係を築くということが大半なのだ。はじめは微小な人間関係の齟齬は常に生じては徐々に、あるときは劇的に拡大していくのである。それがこの「事件」につながったと考える根拠は十分にある。彼らは徐々に周囲から去られる運命にある。時には明白に、時には微妙なかたちで拒絶を受ける。KTの場合には多くの友人の離反であり、最終的に頼りにしていたインターネットの掲示板における人びとの無反応であった。それはKTの自己愛に対する痛烈なトラウマとなるのである。そしてそれが途方も無い攻撃性の発露に至ってしまったのだ。

KTを「自己愛トラウマ」から救えたのか？

私たちはKTに対して何かの形でのかかわりを持つことで、事件を未然に防ぐことができたのだろうか？　ここからはその問題について考えたい。これほどの事件を起こした男に「治療」は論外かもしれないが、少なくとも同様の事件の防止策としては考えるに値するだろう。

手記の最後でＫＴが「事件」の原因として三つあると自己分析している部分がある（p.159)。それらは彼が掲示板に依存していたこと、掲示板で実際に起きたトラブル、そしてトラブル時のＫＴのものの考え方（間違った考え方を改めさせるために相手に痛みを与えるという、手記に繰り返して登場するロジック）である。そしてこれら三つが重なることで「事件」は起きたのだから、防止策はそれを防ぐこと、というふうに彼は説明している。ここで一つ気がつくのは、これらの問題があたかも彼の行動や思考上の誤りとして説明され、そこに感情の要素が言及されていないことだ。

「対策とは」という項目の冒頭（p.150）で、ＫＴは次のように述べている。あくまでも再発を防止しなくてはならないのは、「むしゃくしゃして誰でもいいから人を殺したくなった人が起こす無差別殺傷事件」ではなく、「一線を越えた手段で相手に痛みを与え、その痛みで相手の間違った考え方を改めさせようとする事件」である、と。つまり彼の起こした「事件」は後者であり、彼はそこに怒りやそれに任せた殺傷という要素を否認するのだ。そして、「普通は事件なんか起こさない、という言われ方」に反対し、「普通か否かは思いとどまる理由の有無でしかない」という。

ＫＴはここで、「事件」に至った経緯にはある種の必然性の連鎖があり、それがたまたま途中で中断されることがなかったために「ドミノ倒しのよう」に最後の「事件」に行きついたと主張している。そしてそのような事態は、彼が挙げた三つの誤りを犯し、そのプロセスを止められない場合には、ほかの誰にも生じうると訴えているかのようである。

そのプロセスを止めるために必要な策としてKTが挙げているのが、「社会との接点を確保しておくこと」である。具体的には、ボランティア活動を行ったり、サークルや教室に通ったり、何かの宗教に入信することであり、さらには「自分の店を持てば『客のために』と、社会との接点を作ることが出来ます」（p.158）と述べる。

このKT自身の語る防止策を読んだ私の感想を、少し述べてみよう。KTの心の動きにはいくつもの病的な傾向がみられる。特に「事件」に関連して何が決定的に問題かと言えば、それは生身の人間をナイフで無差別的に刺殺するという行為に尽きる。あるいはもう少し言えば、そのような行為を自らが行ったということに対する彼自身の自責や反省の希薄さである。それは彼がそれなりに一生懸命取り組んだであろう「自己分析」が触れていない部分であり、それゆえに彼の病理の核心であるといえよう。

仕事がうまく行かず、だれからも顧みられず、怒りや復讐心が高まって暴力行為に及んでしまう、ということは、ファンタジーのレベルでは多くの人が体験するのだろう。「事件」の直後に、KTの気持ちがわかると述べた人びとが少なからずいたという話も聞く。しかし彼らとKTとの決定的な違いは、やはりそれを実行するかしないかということだ。「事件」はKTのゆがんだ攻撃性の発露であり、そのことを彼自身が否認する傾向とも関連した深刻な病理の表れといえる。

彼の攻撃性の否認傾向を示す上で、『解』の最終項目「反省の考え方についての補足」における記述をあげたい。先に見た中学時代の殴打事件についてである。詳しい記載は避けるが、この事件についてのKTの記載の中で一つ明らかな矛盾がある。それは彼がこの事件について「相手に間違った考えを改めさせようとした」と言いながらも同時に、「かっとなって」行った行為でもあると言っている点である。KTはこのエピソードはインターネットの掲示板における「成りすまし」とのトラブルとは異なると言っているが、殴打事件と秋葉原の「事件」の動因を同様のものとして説明している以上は、むしろ「事件」が結局は「かっとなって」行ったものである可能性を示唆しているといえないだろうか。後者の方がもちろん冷静沈着に事件を計画したという面もあろう。しかしそれは、「成りすまし」からの攻撃を受けて「完全にキレ」「ケータイを折りそうになった」(p.142) ほどの怒りに端を発しているとみていい。彼においてはその部分が否認されているのだ。

しかし私はKTが激しい怒りを暴発させた結果がこの殺傷事件だったとか、その尋常でないほどの怒りの度合いこそがKTの病理であると主張するつもりはない。通常の怒りは、それを直接起こした対象に主として向けられるのであり、たとえそれが暴力を伴ったとしても、その相手への攻撃が反撃を引き起こし、格闘のような形で結果的に相手を殺傷してしまうという形が一番典型的と言える。しかも相手への怒りは、相手が傷ついたことを目にすることで急速に醒め、激しい罪悪感と自己嫌悪が襲うというのが通例である。復讐を遂げた後に自殺をするという経緯がよく見られるのはそのためであろう。

ところがKTの場合、その攻撃性の背景にあったのは怒りや恨み、復讐の念でありながら、それらの感情の存在自体は否認される。一方、歩行者への攻撃は無差別的かつ執拗で、あたかも機械的に、感情を伴わずに行われているというニュアンスがある。

私はここに見られるＫＴの性質は犯罪者性格のそれと同類とみなしていいと思うが、もしそうであるとするならば、彼の示す「防止策」も反省内容も、ことごとく見当外れということになりかねない。ＫＴが中学時代にこの種の行動をとっていたということは、その時に対策を取っていればよかった、というたぐいの問題ではなく、むしろ彼は思春期の時点で犯罪者性格の条件をおそらく備えていたであろうことを意味しているのだ。そしておそらく幼少時からその兆候はあったであろうと想像する。

それでは彼は生まれつき精神医学的な問題を抱えており、手の施しようがなかったのだろうか？　手記を読み進めて一つ印象深かったのは、たとえ彼の病理がいかなるものであろうと、ＫＴは他人からの肯定を強烈に求めていたということだ。他人がいて、他人の視野に入ってこそ自分が生き延びることができるかのようである。それゆえに他人から無視された時には強烈なトラウマ（自己愛トラウマ）を味わっていたのである。

彼がそばに自分を肯定してくれる存在を持っていたなら、事態はずいぶん違っていた可能性は否定できないと思う。何人もの刺殺という悲惨な「事件」をどこまで食い止められたかはわからないが。そしてそのような存在を常に持つ一つの方法としては、心理士による支持的なカウンセリングがあげられる。ＫＴには特異な思考プロセスや、人がものにしか見えなくなってしまうという病理がある。それらを根本的に変えることはできない。しかし心の病理はある程度心が充足している場合には発現しにくいものである。その意味で支持的なカウンセリングの効果はそれなりに期待できるだろう。

もちろん、カウンセリングを受ければそれでいいというわけではない。ＫＴが安定した治療関係を維持できたという保証はないからだ。しかし、彼が定期的に通って自分の気持ちを表現できるような場所、そこに週に一度通うことが期待されている場所を確保していたら、あれほど悲惨な結果にはならなかったのではないか。少なくとも「事件」に対する強力な抑止効果はあったのではないだろうか、と私は考える。なにしろ彼の「肯定された」感は、友達からの「半年後に遊びに行く」という一通のメールだけで充足されてしまうという性質を持っていたのだから（p.37）。

ただしカウンセリングを受けるためには、普通は一回に数千円から一万円あるいはそれ以上のお金がかかる。それが払えずにカウンセリングをあきらめている人も多いであろう。精神科医によるいわゆる「通院精神療法」を利用するという手もあるが、そのためには敷居の高い精神科外来を訪れる必要がある。これは多くの方には抵抗があるだろう。ＫＴがこれらのハードルを乗り越えることができたかどうかはわからない。

以上で私の考察をひとまず終えるが、この「事件」を考えることはアスペルガー障害を持つ人とかかわる際のヒントをいくつか示唆していることを示せたと思う。しかし何度も繰り返させてほしい。アスペルガー障害を持つ人のほとんどはこのような犯罪にかかわるほどの「自己愛トラウマ」を体験しないのであり、彼らに対する差別的な見方を提供するのが私の意図ではないということである。

第4章 「モンスター化現象」とトラウマ

いま「モンスター化現象」なるものがわが国のいたるところで起きている。生徒が、保護者が、部下が、カスタマーが、患者が、相手に無理難題を押し付ける。彼らに責め立てられる教師や管理職や店員や医療職従事者は、それによる被害や、場合によってはトラウマを受けている。それでうつ状態に陥ったり、仕事を休んだりするということも起きている。一体現代の日本で何が起きているのだろうか？　これは一種のいじめとも関係しているのだろうか？　どうして日本人はこのような形でトラウマを与え合っているのだろう？

モンスター現象のひとつの説明としてよく出会うのが、第6章で論じる「現代型うつ」についてしばしばなされるような説明である。つまりそれは現代人の未熟さや他罰性（他人を責める傾向）のせいだというわけだ。

たしかに現代の日本人が未熟化し、そのために駄々っ子のようにわがままなふるまいをするのがモンスター化現象ではないか、という議論には一定の説得力がある。これに対する私の立場をひとこととで言えば、次のようになる。

モンスター化は、むしろひとつの社会現象として理解すべきであろう。そこに表れる一見他罰的、依存的、あるいは未熟なふるまいは、実は私たち個々人が潜在的に備えているものであり、モンスター化現象は、それが顕在化するような状況に社会が向かっているということを意味するのではないか？

私がこう考える根拠を以下に順を追って説明したい。

モンスターたちを未熟とする論拠

モンスター化は人格の未熟さの現れだという説は、どのような理論的な根拠を持っているのだろうか？　モンスター化現象の一つとして、いわゆるモンスターペアレントを例にとってみよう。モンスター的なふるまいを見せる親御さんたちのことだ。そしてこのテーマでしばしば引用される文献として嶋崎政男氏の『学校崩壊と理不尽クレーム』(1)を読んでみる。

嶋崎氏によれば、モンスターペアレントの問題が顕在化したのは一九九〇年の後半か、あるいは公立学校で学校選択制が導入された二〇〇〇年の可能性もある。ただ社会の耳目を集め、マスコミがこぞって取り上げるようになったのは二〇〇七年であったという。「投石での窓ガラス破損に弁償を要求したら、親が『そこに石があるのが悪い』と言った」とか「学校で禁止されている携帯電話を没収したところ『基本料金を支払え』と親が言った」という例は有名らしく、他の関連書にもしばしば登場する。

本書で目に付いたのは、医療現場の崩壊と教育現場の崩壊を比較し、ほぼ同じ現象が現在起きつつあることを示している点である。小松秀樹氏の『医療崩壊』[2]は、この一〇年で医療関係訴訟は倍増したという事実を伝えている。そして「崩壊しているのは、医療だけではありません。教育現場の崩壊は医療よりももっと大きな問題です」と記しているという。このことはこの現象が日本のあらゆる場面で生じている可能性を示唆している。

嶋崎氏の著書は、モンスター化現象の「原因」について触れている。彼はまずモンスターペアレントの問題が、彼らの年代にあるとする。この問題が深刻化した一九九〇年代の半ばに義務教育を受けた子どもを持つ親は、二〇一〇年代に四〇歳代、五〇歳代である。それはかつて新人類と呼ばれ、共通一次世代とも言われた人びとでもある。そして彼らの特徴として、明治大学の諸富祥彦教授の説[3]を引用している。つまり「他人から批判されることに慣れておらず、自分の子どもが批判されると、あたかも自分が傷つけられたかのように思って逆ギレしてしまう」というのだ。

嶋崎氏はさらに一九八〇年代に全国の中学で校内暴力が吹き荒れたことにも言及している。それを間近に見て、「何をやっても許されるという幼児的な万能感に基づいた身勝手な不条理がまかり通るのを体験して育った世代が、『教師への反発、反抗は当たり前』という感覚を持つようになったことは容易に頷ける」とも書かれている。

モンスターペアレントに関する論述は多いが、その原因についての論調は、どれもこの嶋崎氏や諸富氏のそれと類似しているという印象を受ける。ここではそれを「未熟なパーソナリティ説」とでも名づけておこう。

モンスター化を社会現象としてとらえる

この章はさしあたり「未熟なパーソナリティ説」の検証を主たる目的とするわけであるが、少し話を戻して、モンスターペアレント現象についての基本的な捉え方について考えたい。

ある時代の社会においてその頻度や程度が目立つ現象を捉える方法は、大きく二つあると私は考える。一つは社会現象としてとらえる方針であり、もう一つは個人の持つ障害や疾患の蔓延と見る方針である。両者はもちろん共存していいし、その方がむしろ普通かもしれない。

前者は、社会でその時代に顕著となっている問題について多くの社会学者や評論家が採る見方だ。一方、後者の見方では、現代人の身体や脳のレベルでの何らかの機能異常が増加しているとみなすわけである。

前者の見方が採られる例としては、六〇年代、七〇年代に日本に蔓延した学生運動や一九九〇年代から問題化している学級崩壊の問題が挙げられるであろう。あるいは昨今のいじめの問題や教員のうつ病や退職の問題など数多くの問題がこの例として考えられる。

後者の見方が採られるものとしては、たとえばアスペルガー障害（広汎性発達障害の一種）がある。この障害はここ二〇年で圧倒的に目につくようになっている。しかしそれが実数が増えたせいか、それについての社会の関心が増したせいかは不明だ。発達障害の代表であり、遺伝的な影響の強いアスペルガー障害は、もちろん精神医学的な障害の一つとして数えられる。

ところである現象が社会現象なのか、精神の病なのか、という区別は実は決して単純ではない。むしろ両方が共存する方が普通だと私は述べたが、それは精神の病が社会の影響を受ける場合が多いからだ。

たとえばアスペルガー障害の例では、マスコミがこの問題を取り上げ、出版業界が関連書籍を出すことが、人びとがこの病気に関心を持つことに拍車をかけ、見かけ上の症例数を結果的に押し上げている可能性があろう。ある時代の社会に特有の子育ての仕方というのがあって、それが障害の発生率に関わっているかもしれない。

こうなると社会現象（Aとしよう）か精神の病（こちらはBとしよう）かは、AかBか、という議論ではなく、A＞Bか、あるいはその逆のA＜Bか、という相対的なものになることがわかるだろう。そして「未熟なパーソナリティ説」はどちらかといえばA＜Bという主張なのだ。パーソナリティの未熟さとは、精神の病とまでは行かないが、個人が持っている問題や病理を意味するからだ。しかし私はそれについては否定的で、むしろA＞Bではないか、と思っているのだ。

その根拠を二つ挙げよう。ひとつは社会現象は急速に移り変わることが可能だが、人間の精神の病理は簡単には変わらないからだ。人間の脳の機能が未熟になるという変化が、この二〇年くらいで急に起きるとはとても思えない。むしろ社会の変化が個人の病理を浮き上がらせる役割をしている、と見るべきであろう。

そうしてもう一つの根拠。それはモンスターペアレントたちが、モンスターぶりを発揮するような場面以外では、普通の社会生活を送っているということだ。その意味では彼らは私たちと変わらぬ人びとなのである。

以上の二つの根拠について順を追って述べたい。

クレーマー社会は、被クレーマー社会、被トラウマ社会でもある

私が特に注目しているのは、現在の日本にモンスターが多く存在しているということは、社会がそれを許容するような培地を提供しているという事実だ。これを私は「クレーマー社会は被クレーマー社会でもある」と表現したい。この社会においては、ある人はクレーマーとなる立場と、クレーマーを受ける立場を両方体験している可能性がある。父兄として厳しい要求を学校につきつける男性が、勤務先のカスタマーサービスで手ごわいお客を前にして冷や汗を流しているのかもしれないのだ。

人が自分に与えられた権利を主張するという、ある意味では当然のことが、ここ二〇〜三〇年で日本社会でもようやく行われ始めた。一方では、主張をされる側がそれに対してどのように対応してい

いかわからないのであろう。ちょうど人びとが一斉に柔道の技をかける方法を教わったものの、受身の仕方を知らずにいるように。結果として主張をする側がエスカレートするという事態が生じているのだ。

そのために、たとえばクレーマーからの長い苦情電話をいつまでも切れないというような現象が生じる。そしてそのクレーマーの態度が激しければ激しいほど、対応に当たる人はそれをトラウマとして体験し、一部はうつになり、一部は「新型うつ」の形をとり、そしてまた一部は……自分自身がモンスター化するのかもしれない。

先日も近くのコンビニで、店員の対応が悪いと猛烈な勢いで食って掛かっている客を見かけた。若い店員は平身低頭だったがそれでも埒があかず、困り果てていた。このような時、かつてのアメリカでの生活が思い出される。米国では誰かが声を荒げた時点で、「力の誇示（show of force）」となるのが普通だ。つまり警備員や警察が呼ばれることが多い。怒鳴ることは「言葉の暴力」であり、人を殴ったり物を壊したりする「身体的な暴力」と同等の反社会的な行為とみなされる。

一般にアメリカでは人前で怒鳴るのは覚悟がいることだ。相手はすぐ「力の誇示」に訴えようとする。結果として制服の人びとが現れればあっという間におとなしくなるしかない。下手をすると逮捕されてしまうからだ。

それに比べて日本では怒った市民への対応が非常に甘い。まず別室に招いて穏便に対処しようとしたりする。酷い時は派出所で暴れる酔っぱらいを警官がなだめようとしていたりする。

実は私はそのような平和な日本が好きなのだ。それに一時的に激昂した客や患者も、なだめすかされ、謝罪されることで、大部分は落ち着くのだろう。しかし一部はクレーマー化、モンスター化するのである。

「お・も・て・な・し」とも関係している

もう少し言えば、このモンスター化の問題、日本人の「おもてなし」の心ともかなり関係しているのだ。たしかに私が「もてなしの精神とモンスター化は表裏一体の関係にある」と言えば、奇妙に感じられるかもしれない。しかし他人をもてなすことが、モンスター化の誘因となる、ということは十分考えられることなのだ。もてなすという善意に基づく行為が、それによりトラウマを受けてしまう原因となるというのは何とも矛盾した現象といえよう。

日本にはもともともてなしの文化があり、サービス業の質は極めて高いレベルにあることが知られている。その上さらに二〇一三年の流行語大賞に「お・も・て・な・し」が候補として挙げられたことには、どのような意味があるのだろうか？　現代の日本人の精神性が最近になってさらに高められ、愛他性や博愛の精神が行動の隅々まで行き届くようになったのだろうか？　いや、そう考えるのは甘いだろう。

「おもてなし」は、一種の戦略としてとらえられるべきなのだ。飲食業そのほかのサービス業間の競争が進む中で、いかに一人でも多くの顧客を取り込むかということへの調査研究が進み、顧客がより心地よさを感じるような対応を各企業が目指すようになったわけだ。つまりは市場経済の原則に従ったものである。ちょうどコンビニ間の競争が激化したおかげでお弁当がよりおいしくなり（あるいは少なくとも口当たりがよくなり）、菓子パンがより食欲をそそるようになるのと同じである。今のコンビニのパン売り場に何種類の、それも厳選された菓子パンが並んでいることだろう？ 私が小さい頃は、パン屋さんに行っても丸いアンパンと楕円形のジャムパンと、グローブ型のクリームパンと渦巻き型のチョコレートパンの四種類しかなかったと記憶している。

昔は日本人のサービスは今ほど行き届いてはいなかった。ＪＲが「国鉄」といわれていた時代の改札口で、切符切りバサミをパチパチやっていた駅員さんは、いつも愛想がなく仏頂面だった。近距離のタクシーに乗る時は、乗車拒否されるのではないかと運転手の顔色を窺ったものだ。

それでも諸外国よりはましだったのであろう。私は米国に留学しているうちに、店員に愛想よく扱われるという発想はあまり持たなくなっていた。彼の地での客の扱いはかなり大雑把である。客を待たせて店員同士がおしゃべりをするシーンはよく見かけた。

二〇〇〇年代に帰国して再び暮らすようになった日本は、サービス向上の努力や国鉄民営化の影響で、以前よりさらに改善されたという印象を持った。お店の従業員はみな顧客にとても愛想がいいのである。コンビニで百円のアイスを買っただけで手を胸の前に合わせて最敬礼されるなど、留学前にはなかったことだ。

こうなるとどのお店もマナーの良さは横並びという感じで、少しでも不愛想な店員のいる店はそれだけで目立ってしまう。「お客様に失礼があってはならない」ことを至上命令として刷り込まれている店員は、モンスター・カスタマーからとんでもない要求を突きつけられて一瞬絶句しても、「大変申し訳ありませんでした」とまず受けてしまうことで、無理難題を受け入れる方向性が定まってしまうのである。

今の時代に「お・も・て・な・し」が改めて流行語になることは興味深いが、これも日本にオリンピックを招致するための戦略から発していたことを忘れてはならない。そしてその時点で私たちは諸外国からの訪問客による無理難題を聞かざるをえない立場に自らを追い込んでいるのではないかと、少し心配になる。「お・も・て・な・し」は確実に、カスタマー増長の一因となっていると思う。

本書をこれまでお読みの方は、この問題は自己愛トラウマとも結びついていることを理解されるかもしれない。「おもてなし」を受けて当然と思っているカスタマーは、ちょっとやそっとでは満足しない。高いお金を出してファーストクラスに乗った時のことを想像していただきたい。搭乗後、何かの都合で飲み物がエコノミークラスの人たちに先に配られているのを知ったとしたら、きっと大憤慨するだろう。「高いお金を出したのに何だよ！」とファーストクラスとしてのプライドを痛く傷つけられるに違いない。人より先に飲み物を飲めないので怒る、とはいかにも子どもっぽいが、プライドを傷つけられた人間には極めて重大な問題なのである。モンスター化している人はこの、本来受けるべきサービスを受けさせてもらえないことから来る自己愛的な傷つきに反応している可能性があるのだ。

モンスター化は普通の人に生じる

「未熟なパーソナリティ説」についてさらに考える。果たして彼らの訴えは病的パーソナリティと言えるレベルなのだろうか？　モンスターペアレントの持ちかける要求はそれほど突拍子もなく、非常識極まりない、ありえない発想なのか？

尾木直樹氏の『バカ親って言うな！』(4)には次のような例がある。二〇〇七年に放映されたある番組の中で、小学校教員が、遠足の時、生徒の母親から「自分は作れないので、先生がうちの子の弁当を作ってくれないか」「どうせ先生だって自分のを作るんだから、もう一つ作るのは簡単でしょ？」と言われたという驚くべき話をした。しかしスタジオにいる人たちがいっそう驚いたのは、その先生が「それを引きうけた」と言った時であった。「だってその子が遠足に来られなくなるから……」というのがその理由であったという。

もちろん「先生に子どものお弁当を作ってもらう」ことを要求することが、常識はずれであることは確かだろう。だが、私たちは日常的に極端な発想を持つことは決して珍しくなく、時には口に出すこともあるものだ。実際にそれを教師に本気で要求するとなると話は別かもしれないが、それでも先生との話の流れや関係の持ち方によってはありうるかもしれない。

もし先生が、子どものお弁当作りについて相談してきた母親に「お母さん、お弁当を用意するのは思ったほど面倒ではありませんよ。私も毎日自分のものを楽しんで作っていますよ」と言ったとしよう。「ではぜひ、うちの子どもの分も……」と言い出す母親がいてもおかしくないのではないか。それにそう言われた先生も、ふと優しい考えを持ってしまったのかもしれない。「このお母さんはとんでもないことを言っているけれど、○○ちゃん（子どものこと）に罪はないわね。そしてこのお母さんのせいで遠足の時に一人だけお弁当なしになったらかわいそうね。いざという時のために余分に作っていこうかしら」。こうなるとこの教師の反応はさほど極端ともいえなくなってくるのである。

モンスターペアレントたちが普通の人びとであると私が考えるもうひとつの根拠は、何より彼らが少なくとも社会適応ができていることにある。例として紹介されるモンスターペアレントたちは、曲がりなりにも家庭を築き、「子ども思い」で「熱心な」親を演じている。少なくとも家族のあいだに重大な亀裂が生じている様子はない。最近では夫婦が歩調を合わせて、あるいは親子が連携してモンスター化するとさえ伝えられているのだから。彼らは主婦として、会社員としてそれなりの機能を果たしているのだ。それらの人たちを病的なパーソナリティの持ち主と考えることには無理がある。私の印象では、モンスター化する人たちはもっと普通で、あえて言えば私たちの中にもたくさん存在するような人びとなのである。彼らが学校という特定の状況で「魔が差して」しまったかのように無理難題を持ち出す、ということが起きているという印象を私は持つのである。

社会現象と「人の未熟化」は両立しない

「現代人の未熟化」という考えがあまり合理的でない点についてもう少し論じよう。私は昔から「近頃の若いもんは……」というセリフは常に口にされていたと想像する。人生の黄昏時にある老人が、若さも健康も備えた若者に羨望の目を向ける際に決まって出てくるのがこの言葉のはずだからである。縄文時代の老人（といっても四〇歳くらいだったはずだが）が若者を見て「近頃の若いもんは……」とため息をついている姿を想像してほしい。それから途方もない時間が流れ、何世代にもわたって同じことが言われているのだ。今頃は若者は赤ちゃんよりも未熟になっていておかしくない。

一般に時代によって人間の成熟度はさほど変わらないと考えられる。もちろん昔は社会における禁制やさまざまな因習に従う必要があったことは確かである。それに比べて現代社会に生きる人びとは自分の願望や感情をより自由に表現できるため、それだけ依存傾向や他罰傾向が目立つということはあるだろう。また女性が十代で結婚して子どもを産んでいた時代と現在とでは、二〇歳の女性の持つ責任感や社会的な役割は全く違うのであろう。しかしそれがここ一〇～二〇年間で急に変わることはまずありえない。そしてモンスター化はまさにここ一〇～二〇年の間の変化とされているのである。そんなに急に人間は未熟になれないのだ。

ましてや最近の若者は社会に出ると、モンスター化しつつあるカスタマーを扱う最前線に置かれ、一気に責任重大な立場に置かれてしまうのである。先ほども述べたように、クレーマー社会は、被クレーマー社会でもあるのだ。逆説的なことだが、むしろこの一〇～二〇年のあいだに新社会人はより大きな責任を負えるだけの成熟度を求められるようになったと考えたほうがいい。

学生運動の闘士たちは「未熟」だったのか？

私がモンスターペアレントの現象を現代人の未熟さと結びつけることに消極的である理由のもうひとつは、学生運動の顚末を見ていたことと関係している。一九六〇年代、七〇年代に日本で、あるいは世界で、学生運動という名の大変なモンスター化現象があった。学生が教授を「お前」呼ばわりし、集団でつるし上げる、デモ行進をして大学に立てこもったり国会を取り巻いたりするという大変な時代があったことを、現在五十歳代やそれより上の世代の方なら鮮明に覚えているはずだ。あれは当時からすれば現代の学生の未熟さ、他罰傾向として説明されたであろう。実際にそのような論評を聞いたことも多かった。

しかし時代は変わり、あの運動はすっかり過去のものになっている。当時未熟だったはずの学生たちは社会では普通に管理職の側に回ったり、すでに引退をして孫を抱いたりしている（ちなみにかの元都知事も学生運動の闘士であったという）。彼らはすっかり普通の市民として社会に溶け込み、その一方では現在の学生たちは学生運動世代以前よりさらにノンポリになっている傾向すらある。彼らは未熟な性格、一種のパーソナリティの異常をきたしていたのだろうか？　否、であろう。今から思えばあの運動は時代の産物だったのだ。

以上「『モンスター化現象』とトラウマ」と題して論じ、「未熟なパーソナリティ説」を批判する立場から意見を述べた。

結論から言えばモンスターたちの多くは実は普通の人たちであり、その人たちが「魔が差す」ことを許容するような社会環境が生じてきているというのが私の主張である。ただし文中でも断ったとおり、これはいわばA∨Bの議論なのであり、モンスター化する人びとの一部に何らかの精神医学的な問題が存在する可能性を否定するものではない。事実どのような状況でも決してモンスター化しない人もいれば、簡単にモンスターになってしまう人もいるだろう。この後者の多くは、他人の行動をとりこんでしまう被暗示性の強い人びとであると考えるが、パーソナリティ上の問題をより多く抱えている人たちも含まれるようだ。私はそれをかつて「ボーダーライン反応を起こしやすい人」と表現している(5)ので、そちらのほうも参照していただきたい。

参考文献

（1）嶋崎政男『学校崩壊と理不尽クレーム』集英社新書　二〇〇八
（2）小松秀樹『医療崩壊――「立ち去り型サボタージュ」とは何か』朝日新聞社　二〇〇六
（3）諸富祥彦『子どもより親が怖い――カウンセラーが聞いた教師の本音』青春出版社　二〇〇二

（４）尾木直樹『バカ親って言うな！――モンスターペアレントの謎』角川Ｏｎｅテーマ21　二〇〇八
（５）岡野憲一郎「ボーダーライン反応で仕事を失う」『こころの臨床アラカルト』二五巻一号（特集ボーダーライン（境界性人格障害））星和書店　二〇〇六

第2部　いじめとうつと「自己愛トラウマ」

第5章　いじめと「自己愛トラウマ」

一九八〇年代ごろよりわが国でもしばしば問題となっているいじめ。長年問題視されながらも、根本的に解決する方向にあるとはいえない。それは昨今のいじめ自殺に関する数多くの報道から感じられることである。これまでのいじめに関する分析や考察がいまだ不十分なもので解決の糸口がつかめていないことを意味するのであろう。またいじめの性質や特徴は、その時代背景によりさまざまに異なり、いじめの質そのものが変化してきている可能性ある。

いじめを受けるという体験は現代日本人がこうむる自己愛トラウマの主要なものの一つと考えていい。集団の中でからかわれる、あるいは誰からも相手にされない、そこに存在していないかのように扱われる……。これほど本人のプライドを傷つけられることがあるだろうか？　いじめの中でも特に無視は、直接罵声を浴びせられるよりも深刻な自己愛トラウマを生む可能性がある。自己の存在そのものを震撼させる可能性があるからだ。

まず「いじめ問題」を考える私自身の立場を示しておきたい。私は海外生活が長く、異文化体験を通して、集団の中での日本人のあり方についても深い関心を持つようになっている。さらには私自身集団にうまく染まらずに排除されかけるという体験も持ってきた。その立場からいじめの問題を考えた場合、やはりそこに日本文化の影響を否定できないと考える。いじめは深刻なトラウマをもたらす。誰もいじめの対象になろうとは決して望まない。しかしいじめはまた日本人的な心性に深く根ざしたものであり、半ば必然的に起きてしまうのではないか、というのが、本章を通しての私の主張なのだ。

私はいじめ自体は決して異常な現象だとは思わない。それは人間の集団の持つ基本的な性質に由来すると見てよいだろう。私たちはある集団に所属し、そこで考えや感情を共有することで心地よさや安心感を体験する。逆に集団から排除され、孤独に生きることはさびしく、また恐ろしい体験にもなりうる。これは社会的な動物としての人間の宿命と言えるが、そこで問題となるのがその集団の有している凝集性だ。それが高いほど、そのメンバーはその集団に強く結びつけられ、その一員であることを保障される。そこには安心感や、時には高揚感が生まれる。

ところがある集団の凝集性が増す過程で、そこから外れる人たちを排除するという力もしばしば働くようになる。いわゆるスケープゴート現象であるが、本章ではその仕組みを「排除の力学」と呼び、以下に考察していく。この「排除の力学」自体は異常な現象ではないが、それが犠牲者を自殺にまで追い込むという事態が、この高度に発達した現代社会においても放置されてしまうことが異常であり、病的なのである。

いじめを生む「排除の力学」

ある集団が凝集性を高める条件は少なくとも二つある、と私は考える。一つはメンバーが明白な形で利害を共有しているということだ。集団にとっての共通の利益に貢献するメンバーは、集団に大歓迎される。オリンピックで活躍した選手は無条件でヒーロー扱いされ、空港ではたくさんのファンからの出迎えを受ける。

もう一つは、集団のメンバーが共通の敵ないしは仮想敵を持っている場合である。集団はある種の信条を共有することが多いが、そこに「～ではない」「～に反対する」「～を排除する」というネガティブな要素が書きこまれることで、より旗幟鮮明になり、メンバーたちの感情に訴えやすくなる。そしてその仮想敵を非難したり、それに敵意を示したりする人は当然そのグループの凝集性に貢献し、それだけ好意的に受け入れられることになる。

昨今は日本の政治家の発言に対して中国や韓国が反発して声明を発表するということが頻繁に起きているが、反日であるということはそれらの国民の間の凝集性を高める上でさぞかし大きな意味を持っていることと思う。そして集団がまとまる、凝集力を発揮するという力学は、その中の一部の人びとを排除するという方向にも働くということが問題なのだ。上に述べた二つの条件はそのまま、仲間はずれや村八分を生む素地を提供しているのである。なぜなら集団の共通の利益に反した行動を取ったり、集団の仮想敵とみなせるような集団に与したり、それと敵対することを躊躇しているとみなされたメンバーが排除されることによっても、集団の凝集性が高まるという条件が成立するからだ。そしてここが肝心なのだが、そのようなメンバーが存在しないならば、人為的に作られることすらある。これがいじめによるトラウマを負わされるきっかけとなることも多いのだ（これについては後述する）。

ここで読者が次のような疑問を持っても不思議ではない。

「人はどうして仲間外れを作らなくてはならないのか？　そうしなくても集団の凝集性を高めることができるのではないか？」

確かにそうかもしれない。互いを励ましあい、助け合うことで和気あいあいとした平和的な集団となることもあるだろう。しかしそこでリーダーの性格が集団の雰囲気に大きな影響を与える。そのリーダーが若干でもサディスティックな性格を持っている場合は、上記の二番目の条件にしたがって強い「排除の力学」が働き、仲間外れはあっという間に生まれるのだ。

そしてそのような時、仲間外れにされかけている人に関して、別のメンバーが「どうして彼を除外するのか。彼も仲間ではないか？　みんな仲良くやろう！」と訴えるのは極めてリスキーなことである。なぜならグループを排除されかけている人を援護すれば、その人もまた排除されるべき存在とみなされてしまうからだ。「みんなが仲良くやろう」というメッセージは事態を抑制するどころか逆方向に加速させる可能性がある。こうしてグループから一人が排除され始めるという現象は、それ自身が勢いを得て、事態は一気に展開してしまう可能性があるのだ。

この「排除の力学」は実際には排除が行われていない時も、常に作動し続けることになる。メンバーはその集団内で不都合なことや理不尽なことを体験しても、それらを指摘することで自分が排除の対象になるのではないかという危惧から、口をつぐむことになる。私がこの集団における「排除の力学」についてまず論じたのは、結局このような事態が日本社会のあらゆる層に生じることで、いじめによるトラウマを生み出していると思えるからである。

ここで少し前の大津市の事件を例にとって考えよう。これは二〇一一年一〇月に滋賀県大津市内の市立中学校の当時二年生の男子生徒が、いじめを苦に自宅で自殺するに至り、いじめと自殺について大きな議論を巻き起こした事件である。

この事件で問題になったいじめを起こした当事者である生徒たち、それ以外の生徒たち、学校の教員たち、教育委員会の委員たち、それ以外のどのレベルの集団にも同じ力学が働いている。「排除の力学」はすべての集団に共通だからだ。たとえばいじめを目にしても積極的に阻止することができなかった中学の教師たち。そこには教師という集団における「排除の力学」が生じていて、いじめを注意する、やめさせるという行為がなぜかその空気に反するという状況があったはずである。しかもここでは生徒と教師の全体という、より大きな集団の中での力学が生じていたことが窺える。いじめを真剣にやめさせるという行為は、生徒-教師という集団から排除される可能性を意味していたために、それをあえてできなかったのだ……。

しかも教育委員会もこの生徒‐教師と利害を共にしていたふしがある。いじめがあったことを認めることは、その大きな集団における共通の「利益」に反することになる。すると学校と歩調を合わせて、教育委員会もまた「いじめはなかった（あるいはあっても自殺の原因ではなかった）」と主張することになる。それに対して疑問を持っても、それをあえて口にできない委員たちはたくさんいたに違いない。皆ある意味ではこの「排除の力学」の犠牲者ともいえる。

さて私は、この「排除の力学」をあらゆる集団のレベルについて論じていることをここで繰り返したい。ということはマスコミも、その影響を受けながら生活をしている私たちも入っている。これを書いている私も該当することになろう。たとえば私はこの原稿を書いている今、日本の出版の世界のことを意識している。出版社の意に大きく反してはいないだろうか。この本が店頭に並んで、私の文章を読んだ人が、「これってどうかな」と思われないようにするにはどうしたらいいか、など。

この「排除の力学」について考えることは、いじめのトラウマについて「だれが加害者か？」という問題を一気にあいまいにする。ある意味ではこの力学自体がいじめの加害者を生み出す原因ということになる。そこではいじめを受けた側にも同じ力が（逆方向に）及んでいるわけであり、状況が変わればそのベクトルが反転して自分が他者をいじめる側になる、ということはいくらでも起きうる。というよりその反転を恐れる心理が、いじめる側の力となっているのだ。

このように考えた場合、いじめる側の大半は、自分が犠牲になるのを回避する目的でいじめの側に回るわけであり、それなりに心苦しい体験をすることになる。いじめが生じていることを外部から指摘されたら、その人は否認したり、口をつぐんだりせざるをえないし、いじめが露呈したら「本当にどうしてこんなことが起きるんでしょうね」という人ごとのようなコメントをするしかない。ある雑誌で、大津市の教育長は、「なぜお役所仕事の対応しかできないのか?」という問いに、「わかりませんね……。私もなぜなのかな、と思っている」と答えたというが、実際にそれが彼の本音に近いと考える。

ちなみにこの「排除の力学」は、集団の外部にまでその影響力を及ぼしかねないということも重要である。本来会社に対して第三者的な立場であるはずの会計監査人さえも、この種の力のためにまともな仕事ができないことも少なくない。外部から来た人も、その集団に属した瞬間に外部性を失ってしまうほどに「排除の力学」は強力に働くのだ。このように書くとき、私は二〇一一年にオリンパス社を解雇された元社長マイケル・ウッドフォード氏のことを考える。同社の改革を目指して乗り込んだものの、抵抗勢力の強大さからそれをあきらめたという経緯と理解している。彼が体験したことも別バージョンの「排除の力学」だったのだろうと思う。

「排除の力学」への文化の影響

「排除の力学」への文化的な影響はどうだろうか? 「排除の力学」は日本社会の集団に独特の現象なのだろうか? そしてその顕著な結果として生じるいじめもまた日本文化に特異的な現象なの

か？　私が長年滞在したアメリカの例を考えよう。アメリカのいじめは個人と個人の間に生じるというニュアンスが強い。クラスの生徒の多くが特定の生徒をいじめるという形を取りにくいのだ。そしていじめ対策に力を注ぐのは、クラスを担当する教師というよりは、学校専属の心理士やソーシャルワーカーである。その意味でアメリカのいじめは、学校という場で生じた個人間の加害－被害体験というニュアンスがある。

実際日本とアメリカでは、暴力事件が起きた際の学校側の対応はかなり異なる。アメリカでは学校で学生同士が暴力を働いた場合は、警備員や警察が呼ばれるのが通例である。現に〝School Resource Officer〟（SRO）と呼ばれる警官を常駐させている学校も多い。暴力は、身体的なものであれ言語的なものであれ放っておかれることは普通はない。日本では教師も含めた学校全体に、いじめを見て見ぬフリをする雰囲気があるが、それはやはり独特なのではないか？　そしてそれが「いじめを公然と批判すると、自分が排除されてしまう」という「排除の力学」の最も際立った特徴なのである。

日本人の均一性こそが、いじめによる自己愛トラウマを生む

いじめの問題に関連して、私が日本の集団の特徴として考えるのが、その構成メンバーの均一性である。一般に集団においては、お互いが似たもの同士であるほど、少しでも異なった人は異物のよう

に扱われ、「排除の力学」の対象とされかねない。日本は実質上単一民族国家に非常に近いといってよく、メンバーは皆歩調を合わせ、何よりも「ほかの人と違っていないか」に配慮をする傾向にある。そのことが翻って私たち日本人の体験するいじめによるトラウマの、一つの大きな原因になっているというのが私の考えである。

ほかの人と違ってはいけない、という発想は、すでに学校生活が始まる時点で生じている。私が小学校に上がった年、学校に制服はなかったものの、みな判で押したように、男子は黒のランドセル、女子は赤のランドセルだった。その中で一人だけ黄色のランドセルだったU子ちゃんのことは、いまでも鮮明に覚えている。その目立ったこと……。幸いU子ちゃんはいじめの対象にはならなかったが。なぜU子ちゃんのランドセルのことを私はそれほど鮮明に覚えているのだろう。おそらく六歳の私の中には、すでに「みんな同じでなくてはならない」という感覚があったのだ。だから黄色のランドセルを背負っているU子ちゃんに対して違和感を感じたのだろう。「よくみんなと違う色のランドセルで平気だな。」

六歳ないしはそれ以前から日本人の心の中にある「皆と同じでないと……」という気持ち。このような現象はもともと似た者同士の集団においてより生じやすいはずではないか？　アメリカなどでは、所属する集団の構成員のどこにも目立った共通点が見出せないということは普通に起きる。小学生たちは色も形もまちまちのカバンを背負い、あるいはぶら下げている。そしてそもそも彼らの皮膚の色も人種も体型も最初から全く異なっているのである。

私が米国で精神分析のトレーニングを行っていたときのことも思い出す。クラスを構成していたのは、四〇歳代白人男性（アメリカ生まれ）、二〇歳代白人女性（アメリカ生まれ）、三〇歳代パキスタン人の男性、三〇歳代メキシコ人男性、二〇歳代後半のコロンビア人男性、そして三〇歳代日本人の私である。人種もアクセントもバラバラ。こんなグループでは、メンバーのそれぞれが違っているということを初めから前提とすることでしかまとまらない。アメリカ生まれで白人男性であることはこのクラスではマイノリティーを意味してしまうのである。このような集団にいると、日本語のような敬語の存在しない、いわば究極の「タメ語」である英語は極めて便利だ。英語を用いることが、さらにメンバー間の格差をならしてしまう効果を持っているからである。

「場の空気を乱してはならない」

十数年間アメリカでの集団のあり方にある程度順応してしばらくぶりに日本に帰ると、そこでの集団生活に私は大きな違いを感じ、またそれに当惑した。お互いに似た者同士ですぐに生じる場の空気の読みあい。そしてその空気を読み、それを乱すまいとする強い自制が必要となる。これに関する私の「異文化体験」を一つ例にあげよう。米国から帰国して最初の一年間、私はある精神科の病院で働いた。そこでは一つの病棟に配属され、四〇人程度の患者さんのうち約半分を担当したが、かなり頻繁に病棟に出入りしていたので担当以外の患者さんたちとも顔なじみになった。そこで予定されていた一年間の勤務期間の終了があと三カ月に迫ったので、私はその旨を病棟全体にアナウンスしたい、とスタッフ会議で申し出た。実は、私が一年で去ることを最初に病棟の患者さんたちに伝えていなかったのだ（これはこれで問題かもしれないが、ここでは論じないでおく）。アメリカではこのような場合、それがかなりはっきりした予定であれば、三カ月ほど前には患者さんに伝えるということがよくあった。人は別離の際に、十分なモーニングワーク（喪の作業）が必要だということだが、この三カ月という期間自体に深い意味はないものの、まあまあ適切な配慮と思っていた。そこでスタッフに、私が去る三月の三カ月前の十二月ごろに、そろそろアナウンスメントをしたいと申し出たわけである。しかしスタッフからの反応は全体として消極的なものだった。「いや、まだいいでしょう」という反応が大半だったのである。そこで私もその時はあきらめ、年が明けて一月になり、「そろそろ……」と言い出したが、「まだ駄目だ」という。結局退職の予定日の三週間前になって、患者たちに「実はあと三週間で、私はこの職場を去ります」と伝えたわけだが、スタッフの中には「出て行く一週間前に伝えるのでもいい」という意見もあった。

私はこの日米の顕著な違いに興味を持ち、その理由を病棟のスタッフに尋ねたが、はっきりとした答えは返って来なかった。しかしなんとなくわかったのが、「何もそんな前から退職を予告することで、患者に混乱を与えることはない」という理由だった。「無用な混乱を与えたくない」、つまり「場の空気を乱してはいけない」というわけだ。私はこの考えを極めて新鮮なものとして受け止め、同時に一種の逆カルチャーショックを味わった。そして気になりだすと、実は同様の場面に頻繁に出会うことに気がついた。二〇一一年の福島県の原発事故の際も、深刻な事態が起きているにもかかわらずそのアナウンスが遅れた理由を突き詰めると、「無用な混乱を避ける」ということらしい。最近のいじめの被害者の自殺の問題で、学校側や教育委員会がいじめの存在を明確にしなかった理由についても、そのようなニュアンスが感じられる。

この「場の空気を乱さない」の特徴は、その結果生じることはさておき、今、ここでの場の空気を最優先するという点だ。私が退職することを急に知ったときの患者さんたちの混乱はまだ先のことであり、現在の場の空気を乱さないことが最優先される。

ところで内藤朝雄氏はその著書(1)で私たちが従う秩序を「群生秩序」と「普遍秩序」に分け、特に前者についていじめとの関連で論じている。私がここで言う「場」とはまさに彼のいう「群生秩序」に相当するだろう。内藤氏はそれを「『今・ここ』のノリを『みんな』で共に生きる形が、そのまま、畏怖の対象となり、是／非を分かつ規範の準拠点になるタイプの秩序である」と表現しているが、この「今、ここのノリを守る」という点がまさに場の空気を考える上で重要なのだ。

とにかくこの「集団を混乱させてはいけない」、「場の空気を乱してはいけない」というのは極めて日本人的であり、おそらくは日本人の対人場面における「皮膚感覚」に関係しているというのが私の考えである。日本人は集団でいる時、あるいは単に誰かと二人でいる時、相手の気持ちへの感度が高く、場を読む（感じる）力が強すぎて、それにより自分を抑えたり、相手に迎合したりということがあまりに頻繁に起きるのではないか。証明のしようがないが、体験上そう思える。この件については後ほどもう一度論じたい。

上下関係がいじめの素地にある？――「ジャングルの掟」

私が日本での集団に再適応する過程でもう一つ印象に残ったことがある。それは日本の集団にごく自然に格差、ないしは上下関係が発生していることである。すでに日本における集団の均一性や、場の空気を読む傾向について述べたが、それはメンバー間が平等ではないということと表裏一体なのだ。集団の中に気を使わなくてはならない相手がいるからこそ、空気を読む必要が生じるのである。このことも私にとっては逆カルチャーショックであった。

仕事上の上司と部下の関係はもちろんだが、先輩後輩関係、年上と年下の関係、正社員か派遣か、などの「上下関係」は人が集まれば自然発生的に生じ、それが敬語や丁寧語の用い方にすぐ反映される。それを無視する言葉遣いは「タメ語」と言うわけだが、これには決していいニュアンスはない。

もちろん上下関係がはっきりしている中で、先輩が後輩を教え、指導するという関係が成立するのであれば、それでいい。しかし時には上司や先輩はかなり無理な注文を部下や後輩に押しつけるように見受けられる。そこに上司や先輩の側の一種のサディズムを感じることすらある。人間が他者との関係で体験する苛立ちの自然な表現が、先輩の側だけには許容されているというニュアンスもある。日本社会での先輩後輩関係は、この種の気安さ、それゆえの一方的な感情表現、批判、叱責といったことが比較的制限なくパワハラの方向に進んでしまう可能性を持っているのである。そしてこれがいじめの原型の一つのように思えてしまうのだ。この種のパワハラにより生じたいじめには、「排除の力学」が見事に作用している。

本来は上下関係がないところにも、無理やりそれを作り上げてしまうのが、いじめの恐ろしいところである。自己表現の強弱、身体的な優劣などが根拠になることもあれば、「すでにいじめられている」ということが理由になるかもしれない。そうしてその結果として生じるのは、まさに弱肉強食の世界としか言いようがない。私がいじめの現場の描写などを読んで思うのは、これはまるで動物界の出来事と同じだということだ。弱肉強食のことを英語で〝rule of jungle〟（ジャングルの掟）というが、まさに野生のサルの世界で起きているような事態が学校でも生じている。そこで特徴的なのは、教師もその一員であり、ある意味ではボスザルだと言うことだ。ボスザル（教師）は力の強い子ザル（いじめを行う生徒）には甘く、時にはおもねるような態度をとる一方で、それ以外の子ザルには厳しい。また力のない大人のサル（教師）は子ザル（生徒）以下の扱いを受けかねないのである。

似た者同士の集団では半ば約束事のように上下関係が生じるというパラドクスが存在するわけだが、そこには日本人の均一さが関係しているように思う。日本人は互いにある程度気心が知れていて、多少は違っていても高が知れていると感じる傾向があり、それだけ他者に対して侵入的になりやすい。

他方のアメリカ社会では、個人個人がお互いを警戒し合い、そのためにかえって尊重するというところがある。敬語が存在しないから、会話はことごとく「タメ語」が標準である。非常にざっくばらんで気安い会話を、身分の差を越えて行なうように見えて、しかしプライベートなことには決して不用意には踏み込まないような慎重さが要求される。

では、ジャングルにもなぞらえることのできる日本の学校にとって必要なのは何か？　そこでできるだけいじめのトラウマが生じないようにするためには？　それは外部の秩序の導入なのであろう。私が半世紀前に通っていた小学校は秩序が保たれ、いじめなどはあからさまに起きる余地はなかった。それは教師が圧倒的に怖かったからだ。しかし教師は怖いばかりではなく、やさしくもあった。少なくとも毅然としていた。人の集団はそのような外部の力により秩序を保つ。外部の強制力がなくなったらすぐにでも野生に戻るようでは情けないが、外部の強制力は、少なくとも秩序を破ろうという発想の余地を奪ってくれるために、ある程度は平和な生活を保障してくれる。現在のわが国で生じている学校のいじめの元凶は、その圧倒的な閉鎖性にあるだろう。そこでは教師も権威を失い、その内部に取り込まれてしまっているのである。学校に警備員を常駐させるような外部性の導入は、残念なことではあるが、いじめの対策として必要ではないだろうか？

日本人の対人感受性もいじめの元凶か？

ここでこれまで主張したことをいったん整理して、私の仮説に向かおう。

人間は社会的な動物であり、集団から受け入れられることで安心し、孤立することで大きな不安を抱く。そしてそこに関わってくるのが、「排除の力学」であり、おそらくそれがいじめの原型となる。そしてそこには日本における集団のメンバーの均一性が大きな影響力を持つと考えられる。

ではどうしてこれほど日本の集団では「排除の力学」が働くのであろうか？　ここからが私のかねてからの持論であり、本章における仮説なのだが、そこには日本人が対人場面で持つ感受性の高さが関係しているように思えるのだ。日本人はたとえ個人の意見や感情を持っていたとしても、他人の前ではその直截的な表現を控えることが多いが、それは相手の感情を感じ取り、たとえ二者関係においてさえも空気を読んでしまう、ないしは「読めて」しまうからではないだろうか？

先ほど述べた群生秩序の話にしても、それが「今、ここのノリ」を重んじるのは、今現在の対人的な皮膚感覚を刺激しているから、ということになる。痛みを発している以上、それをなだめてやり過ごすしかないのだ。

私が米国人の集団にいていつも感じていたのは、この種の感受性の希薄さなのである。彼らは他人の前で自己主張をするとともに、相手を非難し、厳しい言葉を投げかけることがある。それは傍らで聞いていていてハラハラするほどである。ただしお互いが直接的な表現を交わすということに慣れている社会なので、簡単に気色ばむことはなく、むしろ理詰めで相手を説き伏せる、説得するという習慣ができ上がっている。

米国の軍人病院で、ある上級医師ドクターDに神経内科の手ほどきを受けていた時のことである。私が米国での研修を始めて間もない頃だった。神経内科の病棟を回診していたら、ある悪性の脳腫瘍を病んでいた患者が、ドクターDのもとにやってきて「先生、私の脳腫瘍はひょっとしたら良性、ということはないでしょうか?」と尋ねた。彼はいかにも頼りなげで不安そうであった。するとその患者の主治医でもあるドクターDは極めてきっぱりと「いや、この前説明したとおり、あなたの腫瘍は悪性です」と言い切った。患者は悲しそうな表情で、すごすごと去って行った。私は「こんな時、日本だったら少しは言葉を濁すか、もう少し柔らかい言い方をするのではないか? やはり文化の違いだな」と思った。

ドクターDはラテンアメリカからの移民の子孫で強い南部なまりを持っていた。それからさらに彼のことを知ることになったが、その気持ちの通じなさ加減は相当のものであった。いつもニコリともせず、冗談の一つも通じないのだ。ロボットと一緒にいるような感じで何を考えているのか分からない。しかしそれでいて彼と一緒の研修が終わると、食事に連れて行ってくれたりもする。アメリカ社会ではこんなレベルの交流が普通なのだ、と思った記憶がある。お互いある程度以上には相手の気持ちをわかろうとせず、それでも均衡が保たれている関係。それはそれで悪くない、とそのうち思うようになった。少なくともドクターDは、患者に嘘はついていないという意味では自分の役割を果たし、ある種のマナーを守っているのだな、と思うようにもなったのである。

ところでこのような日本人の対人感受性の高さに貢献しているのが、やはり日本人の均一さといいたい。皆が同じような顔立ちをし、同じ髪の色と眼の色をしているから、相手を数段高いレベルで感じ取り、理解してしまう。もちろんそれでも相手を十分には理解しえないかもしれない。しかしアメリカ社会のように、相手を得体の知れない、何を考えているか分からない人と感じて、身構えてしまうようなあの緊張感は私たちの社会にはない。何しろ向こうは、ハイスクールでクラスメートと喧嘩をすると、相手がカバンからピストルを取り出すかもしれないような社会なのだ。もし日本の外国人がこれからますます増え、職場でもクラスでも三人に一人が外国人という社会になれば、おそらく「排除の力学」の働き方は違ってくるであろう。

最後に――「解除キー」の効用

以上いじめによるトラウマの問題について論じた。最後にいじめの対策について繰り返して述べておきたい。「ジャングルの掟」を破る一つの有力な手段は、外部の力を導入することだ。場の空気に影響を受けないような存在の力を借りるということである。このことはしかし次善の手段だということも申し述べておきたい。おそらく最も勧められるのは人びとの内部告発的な動きである。理不尽なかたちでいじめによるトラウマを受けているという自分の存在を、外部に知らせることだ。

しかし日本社会では内部告発をしたものを保護する習慣はあまりない。逆に彼らが裏切り者として扱われてしまうほど、日本の群生秩序は強いのだ。するとそれを打破するだけの装置を外的に作るしかないのであろう。前出の内藤朝雄氏は学校に警察や法を持ち込むことを「解除キー」と呼んでいるが、それは群生秩序が外部の秩序を意識することで解体する方向に向かうための、決め手のひとつといえるだろう。

参考文献

（1）内藤朝雄『いじめの構造』講談社新書　二〇〇九

第6章 「現代型うつ病」と職場でのトラウマ

「現代型うつ病」や「新型うつ病」という言葉を昨今よく聞く。マスコミでは二〇〇六、七年あたりから扱われることがより顕著になったようである。この概念は一種の流行といっていいが、それなりに誤解されているような気がする。そこでこの概念について考察を加えてみたい。ここで浮かび上がってくるのは、私たち日本人が職場で体験するさまざまな自己愛トラウマである。

まずは「現代型うつ病」という概念から始めよう。これには独特のネガティブな色がついている。それは次のようなものである。

最近若者が仕事を放り出して安易に会社に休暇願を出す。特に病気でもなさそうなのに、医者は「うつ病」の診断書を書き、それを嬉々として提出する。何かおかしい。現代の若者に特徴的な病気ではないか？　うつはうつとしても「現代型うつ病」とでもいうべきであり、その本態はうつではなく、単なるなまけである……。

二〇〇七年の「こころの科学　一三五号」はこの問題を特集したが、サブタイトルがそれっぽいトーンである。「職場復帰　うつかなまけか」。この書の冒頭で編集を担当した松崎一葉先生（筑波大学）が書く[1]。

> 「本当にうつ病なんですか？　なまけなんじゃないんですか？」
> 　こうした人事担当者の問いに窮する企業のメンタルヘルス関係者が増えてきた。
> 　近年、企業内で増えているのは、従来のような過重労働のはてにうつになる労働者たちではなく、パーソナリティの未熟などに起因する「復帰したがらないうつ」である。従来のうつの場合は、治療早期にもかかわらず、早く復帰することを焦るケースが多かった。ところが近年では寛解状態となり職場復帰プログラムを開始しようとしても「まだまだ無理です」と復帰をできるだけ回避しようとするタイプが増えてきている。
> 　人事担当者には、外見上の元気な姿や友人と楽しく語るさまを見れば「なまけている」としか映らない。会社を長期間休職していることに「申し訳ない」という気持ちは少ない。主治医の診断書は「うつ状態にてさらに一カ月の休養を要す」と毎月更新される。「いったいいつまで休むつもりなのか？」と人事担当者や上司は苛立つ。時には、このような状況が就業規則で定められたギリギリの休職期限まで続く。（松崎一葉）

本屋で見かける関連書籍も似たような論調で書いてある。目につくものだけでもこれだけあるのだ。

- 林　公一　擬態うつ病　宝島社新書　二〇〇一年
- 林　公一　それは「うつ病」ではありません！　宝島社新書　二〇〇九
- 吉野　聡　それってホントに「うつ」？　講談社α新書　二〇〇九
- 香山リカ　「私はうつ」と言いたがる人たち　中公新書　二〇〇八
- 香山リカ　仕事中だけ「うつ病」になる人たち　講談社　二〇〇七
- 植木理恵　ウツになりたいという病　集英社新書　二〇一〇
- 中嶋　聡　「新型うつ病」のデタラメ　新潮新書　二〇一二
- 香山リカ　雅子さまと「新型うつ」　朝日新書　二〇一二
- 吉野　聡　「現代型うつ」はサボりなのか　平凡社新書　二〇一三

林公一先生の著書を除いてここ数年で出版されたものばかりであるが、ある意味では林先生の先見の明を示しているのかもしれない。そして林先生の本（『擬態うつ病』）の論調がまさに冒頭で示したとおりである。

果たして「現代型」、「新型」のうつなのか？

まずは現代型うつ病とは本当に現代型、新型なのかという話から始めたい。結論から言えば、同様の状態は古くから知られていたということである。これまでいくつかの概念が提唱されてきた。それらはたとえば「逃避型抑うつ」（一九七七年、広瀬徹也氏）、「退却神経症」（一九八八年、笠原嘉氏）「現代型うつ病」（一九九一年、松浪克文氏）「未熟型うつ病」（一九九五年、阿部隆明氏）、「擬態うつ病」（二〇〇一年、林公一氏）、「ディスチミア親和型」（二〇〇五年、樽味伸、神庭重信氏）などである。

これらのネーミングからわかるとおり、「本当のうつ病」とは少し違うもの、何かそこに性格的な未熟さや、怠け心などの疾病利得が見え隠れするもの、というニュアンスはあった。ただし笠原先生の「退却神経症」は例外である。こちらは「神経症」つまりノイローゼというカテゴリーで論じていることになる。この概念を提唱した笠原嘉先生は今でもご健在だが、彼が一九八〇年代からすでに、現代の「新型うつ病」の概念を先取りしていたことがわかる。彼はこう書いている。(2)

［退却神経症は］単なるなまけ病ではないか？　それがどうも違うのである。……どちらかというと、よくやる人たちだった。「退却」などという軍隊用語を借用したのは、そのことを言いたかったからだ。

……まじめにやっていた人たちの、突然の戦場放棄である。（p.8-9））

さらに

少し暗い感じはするが、立派な青年である。……ところがちょっと気になることがある。二、三日の休みを断続的に繰り返しているのだが、自分はなやんでいるはずだ、と思っていたのに、彼自身はけろっとしている。……周りの人が大変心配しているのに、ご本人は意外に「ヌケヌケ」している。……（p.27）

もしうつ病なら、現代の精神医学はかなり効率の高い治療法を提供できるからである。……これに対して退却神経症の治療法は、うつ病のときほど画一的ではない。……退却神経症はノイローゼなので、つまり社会適応への挫折なので、治療は人それぞれであらざるをえない。（p.59）」

ところでこのように「新型」の特徴をとらえているにもかかわらず、笠原先生だけ「退却神経症」という、うつ以外の診断名を考えているのは興味深いところである。これは私が後ほど述べる、「現代型とは結局はうつというよりは一種の恐怖症である」という主張とも重なる。言うまでもなく恐怖症は神経症の範疇に属するのだ。

笠原先生は実は一九七〇年代には、いわゆる登校拒否の問題を扱うようになってきている。そして同様の心的メカニズムが、若者の出社拒否についてもあるであろうと考えている。その背景にあるのが、その頃米国ではやったいわゆる「アパシー・シンドローム（apathy syndrome）」の概念であった。これはハーバード大学の精神科医ウォルターズ（R. H. Walters）によって提起された概念である。簡単に言えば青年期における発達課題である「自己アイデンティティの確立・社会的役割の享受」に失敗した時に発症リスクが高まるとされる。ただし現代の米国精神医学ではあまり聞かれない概念なのだ。

さて私はこれまで「現代型」のうつ病について何度となく講義で話したり、講演をしたりしたが、概して精神科医からの受けはよろしくない。「現代型うつ」なんてマスコミがでっち上げたものであり、まともな精神科医が論じるべきではない、という話もよく聞く。あるいは先ほど述べたように、同様の概念ははるか昔からある、という議論も多い。しかしすでにみた『それは「うつ病」ではありません！』や『それってホントに「うつ」？』や『「私はうつ」と言いたがる人たち』、『仕事中だけ「うつ病」になる人たち』などの著作とともに、この「現代型うつ病」というテーマで本を書いているのもれっきとした精神科医の先生方なのである。

その中でより格調高く、アカデミックな色彩が整えられており、精神科医がまともに議論しているのが、「ディスチミア親和型」（うつ病）という概念であり、樽味伸、神庭重信といった精神科医たちが提唱している。(3) 神庭重信先生は九州大学大学院の教授であり、この概念の名付け親は、九州大学大学院生の樽味伸《たるみしん》という方である（二〇〇五年七月、三三歳で死去なさったそうである）。

このディスチミア親和型うつ病については、これはもともとメランコリー親和型といわれる、ドイツのテレンバッハという精神病理学者が主張したうつ病の性格特性の考え方が下敷きになっている。メランコリー親和型とは、生来几帳面で責任感が強く、対人関係でのストレスを内に溜め込みやすい性格である。ところが現代型うつに特徴的な性格傾向はそれとはむしろ逆な、責任を他人に転嫁するようなタイプと考えたのである。そしてそれをディスチミア親和型の性格傾向と捉え、それを持つ人がなりやすいうつ病をディスチミア親和型うつ病と呼んだのである。ただし論文を読むかぎり、その実体は現代型うつ病や新型うつ病とほとんど変わらない。ただ精神医学的な体裁が整っている点が違うという印象を受ける。

ところで、これらの現代型うつ病の概念に真っ向から反対する精神医学者もいる。その代表として中安信夫氏が上げられる。中安先生は私が昔ご指導いただいた先生で、高名な精神病理学者である。彼はＤＳＭ反対論者としても知られるが、ある論文[4]で次のように主張している。

そもそも伝統的には、うつ病は次のように分類されていた。内因性と、反応性（心因性）と。これは基本的には妥当な分類だ。後者は抑うつ反応と、抑うつ神経症に分かれるが、ある種の出来事に対する反応という意味では似ている。両者の違いといえば、「時が癒す」ことができれば抑うつ反応。「時が癒し」てくれなければ抑うつ神経症。つまりもともと性格の問題があると、時間が経っても体験の影響を受けつづけると考えられるからだ。ところが最近のＤＳＭはこの基本的な分類を混乱させている。特に「大うつ病 major depression」という概念が問題だ。そもそもＤＳＭの「成因を問わない」という方針が大間違いであり、従来の診断からは当然抑うつ反応や抑うつ神経症になるべきものが、「大うつ病」に分類される。なぜなら症状をカウントして九項目中八項目を満たす、などと機械的に診断を用いることで、簡単に大うつ病になってしまうからだ。従って「新型うつ病」という新しいうつ病も存在しない。それは本来は、心因反応や抑うつ神経症という診断をつけるべきものであり、それがＤＳＭにより大うつ病と誤診されたものであるに過ぎない。その診断書をもって休職届けを出す人が増えた、というだけの話である。

中安先生の意見をまとめると、ＤＳＭは本来深刻なうつではない状態を、うつ病という診断にしてしまうという問題がある、ということだ。それに対する私の意見は以下のとおりである。私は、伝統的な意味でのうつ病とは言えないような、中安先生のおっしゃる意味での軽症のうつ状態が増えてきているという事実はやはり認識するべきではないかと思う。それはたまたまＤＳＭを使うと深刻なうつ（大うつ病）と診断されてしまい、混乱を招くが、この軽症のうつ病が増えているという可能性自体は否定できないであろう。問題はなぜそのようなうつが増えているか、ということである。

私は中安先生は、ＤＳＭの大うつ病の概念を全面否定することに性急なあまり、理論的な整合性を犠牲にしてしまっているのではないかと思う。先生はかねてからＤＳＭの「成因を問わない」という「操作主義的」な点を痛烈に批判なさる。しかしＤＳＭのそのような性質は、もちろん多くの問題を含んでいるものの、精神医学の歴史の流れの上である程度の必然性をともなってできたものであり、その価値を白か黒かで簡単には決められないと私は考える。

うつをひとつの症候群とみなして、「不眠、抑うつ気分、食欲の減退、自殺念慮……などをいくつ以上満たしたら、うつ病と呼ぼう」という約束事はやはり必要と思う。なぜなら、何をうつ病と呼ぶかが人によりあまりにも異なるからだ。うつを内因と心因に分けるという発想自体が過去のものになりつつある。それが内因性でも心因性でも、症状が出そろえばうつはうつ、なのである。一見心因性と思われたうつが、結局長引いて深刻なうつになる、ということが実際に起きるからだ。そうすると脳に直接働く抗うつ剤も効くようになる。それほど心因性の疾患という概念はあいまいな点を含んでいる。何が心因かが結局は主観的な問題でしかありえないということを、この四半世紀のあいだの外傷理論の変遷が示しているのだ。

いっそ、うつ病と考えないほうがいい

さて私もまた現代型うつという概念にやや批判的なのであるが、それは中安先生やそのほかの精神科医の意見とは異なる意味でである。私は現代型うつと呼ばれるうつのタイプは昔から存在してたということ以外にも、その病態は典型的なうつ病とは言えない以上、あまりうつ病と考えないほうがいいのではないか、むしろ笠原先生のように「神経症」の部類として捉えるべきなのではないか、という意見を持っている。ただし単なる神経症というわけではなく、ある程度の抑うつ傾向を伴った神経症であり、会社での不適応状態が主たる原因である場合が多い。うつ症状としては軽度だから、仕事

の時間以外ではむしろ元気が出るということも生じる。しかしそれは彼らが「なまけている」と決め付ける根拠にはならないのだ。

そもそも現代型うつ病を論じるうえで一番のキーワードは、「なまけ」であった。私たちは（特に日本人は、というべきだろうか？）なまけということに敏感だ。「自分はなまけているんじゃないか？」と常に自分に問いただしているところがある。あるいは人に「なまけてるんじゃないか？」と思われることを怖れ、常に気を緩めないようにしている。

みなさんは、学校を休む時に「これは病気ではなくてなまけではないのか？」と自らに問うたことはないだろうか？　それでも体温計で熱が三八度台以上を示すと、休むことに後ろめたさをあまり感じずにすむ。病気である、具合が悪い、ということを数値で客観的に示すことができるからだ。ところがうつ病のような気分の問題は、それが数値化されないだけに厄介である。現代型うつ病がこれほどネガティブなトーンで語られるのも、それが「実は本物のうつ病ではなく、なまけである」という可能性を示唆しているからだ。確かに彼らの行動には、「病気による休職期間に旅行に行く」とか「就業時間の間は元気がないのに、それを過ぎたら嬉々として飲み会に出席する」などの行動が見られることが報告される。するとそれが『仕事中だけ「うつ病」になる人たち』（香山リカ）という評価になってしまうのである。

しかし実際は、一切のことに興味を失うのは重症のうつの場合で、うつが軽度の場合は、いろいろな中間状態が起きうる。あるうつの患者さんはこう言った。「うつになると、楽しんでやれることが非常に限られてくるんです。」「友達と会っている時は精いっぱい笑顔を作り、盛り上がるようにします。そして帰るとどっと落ち込むのです。」これらの言葉は、うつ病の人が外からは生活を楽しんでいるように見えても、案外内情は複雑であることを示していると思われる。

ここで説明のために図（図２）を作ってみた。縦軸は、ある行動の量、横軸はうつの程度を示す。

そして行動としては、快楽的な行動（自分で進んでやりたい行動）と苦痛な行動（義務感に駆られるだけの行動）を考え、それぞれがうつの程度により低下する様子を示した。うつの深刻度が増すとともに、快楽的な行動も、苦痛な行動もやれる量が下がってくる。ただその下がり方にずれがあるのだ。うつでない場合（Ａのラインに相当）は、快楽的な行動だけでなく苦痛な行動も、それが必要である限りにおいてはできる。うつが軽度の場合（Ｂのラインに相当）は、苦痛な行動は取りにくくなるが、興味を持ってできることは残っている。うつがさ

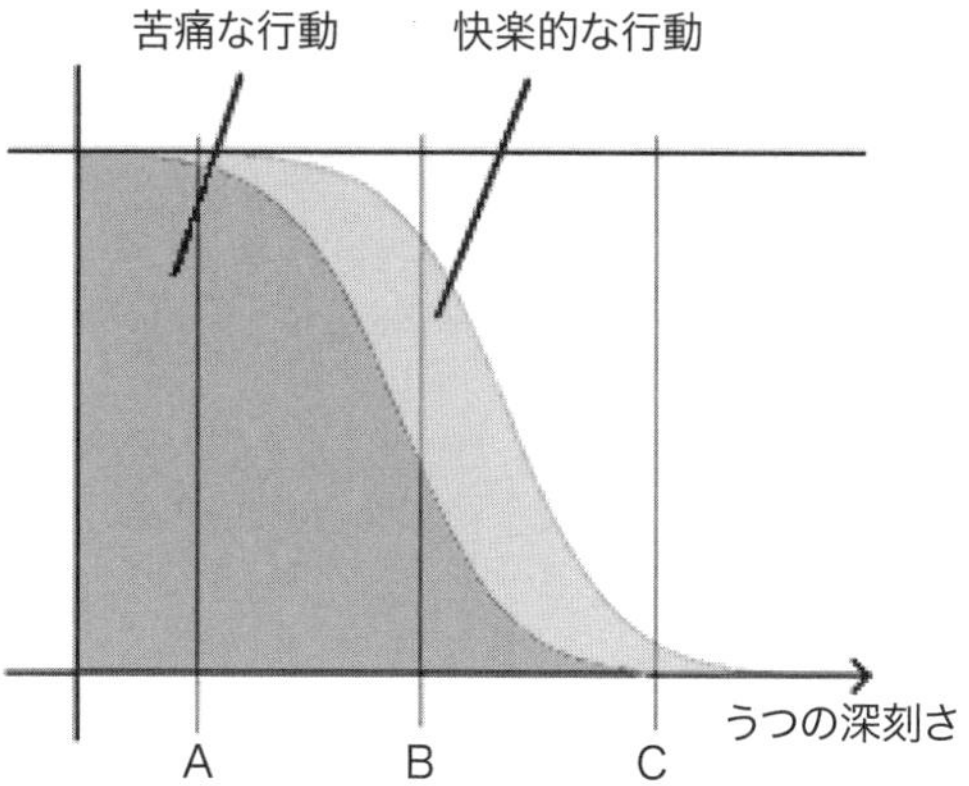

図２

らに深刻になると（Ｃのラインに相当）両者ともできなくなるわけだ。

行動を、快楽的なものと苦痛なものにわける、という論法は、故安永浩先生の引用するウォーコップの「ものの考え方」理論に出てくる。(5) 苦痛な行動は、私たちがエネルギーの余剰を持つ場合には、エネルギーのレベルを持ち上げることでこなすことができる。賃金をもらうためにだけ行う単純な肉体労働であっても、「ヨッシャー、ひと頑張りするか！」と自分を鼓舞することで、若干ではあっても快楽的な行動に変換できるからだ（つまり行動自体は苦痛であっても、それをやり遂げて達成感を味わうための手段にすることで、それは幾分快楽的な性質を帯びることになるわけだ。「やる気を出す」、とはそういうことであり、うつの人が一番苦手とすることである）。

私が特に注意をしてほしいのは、Ｂのラインの状態であり、好きなことはできても義務でやることはあまりできないという状態だ。このような場合、好きなことを行うのは、自分のうつの治療というニュアンスを持つ。うつが軽度の場合、たとえばパチンコを一日とか、テレビゲームを徹夜でする、とかいう行動がみられる場合があるが、これはそれによる一種の癒し効果がある場合であり、うつの本人にとっては、「少なくともこれをやっていれば時間をやり過ごすことができるからやらせてほしい」という気持ちであることが多い。しかしそれに対して家族や上司は実に冷ややかな目を向けるのである。「あいつは仕事にもいかないで一日中ゲームをやっていてケシカラン。やはりなまけだ……。」

結局決め手は自殺率である――張賢徳医師の見解

ところで精神科医の張賢徳先生のご意見は、現代型うつ病という概念を保っているものの、私にとっては好感が持てる。彼の説[6]を私がまとめてみよう。

張先生によれば自殺者の九〇パーセントが精神障害を抱えており、過半数がうつ病であったという。そして「うつ病患者は増えているのか」という本質的な問題については、二つの可能性について論じている。ひとつはうつ病の受診率が上がったからであり、もうひとつはうつ病概念が拡散したからということだ。その上で彼はやはりうつ病は実数が増加しているという立場を取る。

そして先生の結論はさすがである。「内因性でも、それ以外でもうつはうつだ。自殺は起きうるではないか。ちゃんと対応しなくてはならない。」

私も同感である。わが国での自殺人口は二〇一二年、二〇一三年ともに二万七千人台であり、十五年ぶりに三万人を切ったとはいえ、先進国の中でも若者の自殺は依然として高い傾向にある。そして若者を中心に広がっていると言われている現代型うつの年齢層が自殺に関しても高い率を示している以上は、たとえ「現代型」「仕事中だけうつ」だとしても深刻な状態として扱うしかないであろうと思う。

結局職場でのトラウマからくるフォビア（恐怖症）ではないか？

十数年アメリカで暮らしてみた結果として思うこと。日本の職場は結構こまかく、その意味で厳しいということだ。とにかくキッチリとした仕事を要求される。日本の学校環境も同様に厳しい。生徒同士がお互いをしっかり見守り、皆が同じ方向を向いているかがチェックされる。そしてこれも厳しいのが上下関係である。「ジャングルの掟」は至る所に存在する（アメリカではもちろん闇の世界は「ジャングルの掟」である。会社や学校を一歩でたところはすでにその闇の世界が顔を覗かせる。しかし日本は表の世界である学校や職場に、その種の厳しさが隠微なかたちで存在する）。

私が診察室で出会う、会社に行けなくなった患者さんのかなりの部分が、上司とのやり取りでトラウマを背負っている。ひどく暴言を吐かれたり、夜中近くまで詰問されたり、仕事の「無茶ぶり」をされたり。それらはかなり深刻な自己愛トラウマの原因となっている。その結果として抑うつ気分や倦怠感が生じ、仕事に対する意欲を失い、欠勤がちになって医師のもとを訪れる。医師の多くは、「それはがんばりが足りないからだ」「あなたの弱さだ」とはねつけるが、一部は診断を下す。その場合はまずはうつを考える。もちろんそのような患者の多くは抑うつ症状を持っている。しかし同時に会社での仕事の環境に対する不安を抱いている。これは漠然とした不安というよりは、上司や同僚とのかかわりによって体験されたトラウマに基づくもので、職場に戻ることを考えたり、それを思い出させるような状況に遭遇した時に不安に襲われるのだ。

トラウマとは不思議なもので、その当座はさほどインパクトを持たなくても、その場を離れてしまうと逆に恐怖感が増すことがある。休職になった後は、それまで毎日通っていた職場に行くこと自体に強烈な不安がともなうことがある。離婚した後前夫（前妻）に対して、その後にさらに恐怖感が増大していき、その持ち物にさえ触れられなくなる、ということもよくある。

このような状況を考えると、実は「現代型うつ」における症状のかなりの部分を説明できる。なぜ休職中はうつが改善するのか。なぜ夕方五時以降は元気を取り戻すのか。それは彼らの示す症状が、うつというよりは不安、さらにはある特定の状況に対する恐怖症だからなのだ。

この状況はうつというよりは、登校拒否の児童に似ている。学校に行けなくなった子どもは、通常は同時にそれに対する強い後ろめたさを感じている。すると学校が引ける夕刻までは外出することに抵抗を覚える。行き交う人びとが、自分が学校を休んでいるという事情を知っていて、それを責めてくるような気がするのだ。しかし下校時間以降や週末などは違う。あたかも世界が変わったかのように解放された気分になるのだ。登校拒否については従来は「学校恐怖症（school phobia）」とも呼ばれていたが、この名前はもっともなのだ。

現代型うつではこの登校拒否と似たような状況が起きているのだが、それが「現代の若者が未熟になった」という議論に結びつけられるかどうかはわからない。しかしおそらく現代の若者の傷つきやすさが絡んでいることは否定できないだろう。新入社員が上司から少し小言を言われただけで落ち込んでしまう、逆切れしてしまうという状況はあるのかもしれない。

これを「わがまま」と取るか、「未熟さ」と取るか、あるいは脆弱さや打たれ弱さと見るかは立場により違うだろうが、ともかく「現代型うつ」が発症する一つの条件と言えるだろう。彼らは職場がこわくなっている。そして自宅療養を申し出て精神科医を受診しても、精神科医はこれを「甘え」や一種のうつ、としてみる以外の方針を持たない。だから「うつ状態により今後○○週間の自宅療養を必要とする」という診断書を出す。しかし本人は本格的なうつではないから、休職中はそれなりに動けるし、職場のことを忘れようと、旅行やカラオケや飲み会に参加することもできる。しかし復職の時期が近付くと不安が募り、医師に診断書の延長を求める。これはなまけというよりは、職場でのトラウマによる恐怖症の発症としてとらえるべきなのだと思う。

それでも「甘え」が関係しているのではないか、と考える人に

ということで私の「職場のうつはトラウマを原因とするフォビアである」という説を述べたわけだが、これはいくつかの反論を呼びそうである。「だいたい職場で上司から叱責されたくらいでトラウマと言い立てるのは間違っているのではないか？」「一昔前も上司は厳しかったが、部下はそれに耐えて立派に成長していった。具合が悪くなり医師に診断書を書いてもらうのは、現代人の弱さや甘さではないか？」

実は私はこのような意見には反論ができない。その通りのような気もする。トラウマとは非常に主観的なものである。加害者は多くの場合不特定であり、あいまいである。その実際の経緯は別として、自分が不当な形で被害にあったと感じることが、その被害のトラウマ性を増すのだ。

電車で誰かに偶然足を踏まれたとする。それが偶発的なもので、踏んだ人に悪意がないと分かるならば、それをトラウマとはあまり感じないであろう。ただ痛いだけである。しかし誰かに悪意をもって足を踏まれたと感じたなら、そのことを容易に忘れることはできず、警察に被害届けを出したくもなるだろう。たとえ足を踏んだ人が偶然であって悪気がないと言い張っても、踏まれる人の感じ方が優先する。

職場での上司からの叱責は、それが不当であり、あってはならないことだと考えることで、トラウマとしての性質を増す、という事情がある。上司は「親心」とか「愛のムチ」とかと考えていても、部下には全く別の受け取り方をされている可能性が大きい。とすると私たちが個人としての権利を自覚し、職場や学校でのパワハラやいじめを糾弾するという社会は、それらによるトラウマへの感受性を増す社会ということになる。これは実に複雑な問題を含むことになろう。

さて、このトラウマへの感受性という問題、日本人に最近みられるもうひとつの傾向とも関係している。それがモンスター化現象（第4章を参照）である。

三年前にネットでこんな記事を拾った。

重体患者より「先に診ろ」……院内暴力が深刻化

香川県内の医療機関で、職員が患者から暴力や暴言を受ける被害が深刻化している。先月には県内で、傷害や暴行の疑いで逮捕される患者も相次いだ。

これらの「院内暴力」に対処するため、ここ数年、専門部署を設置したり、警察ＯＢを常駐させたりする病院も増えている。……県も今年度、暴力の予防に重点を置いたマニュアルづくりに乗り出しており、医療現場での対策強化が進んできている。……県によると、県立の四医療施設では、二～三年前から医師や看護師への暴言が目立ち始め、次第にエスカレートしているという。最近では、被害に悩んで辞職した看護師も出ている。担当者は「理不尽な暴力にじっと耐えている職員も多く、把握できているのは氷山の一角。本当の被害は計り知れない」とため息を漏らす。……（読売新聞　二〇一一年二月二〇日）

私はこれはあると思う。ある塾の講師（四〇代女性）は、ここ数年になり急に保護者のクレームが多くなったとしみじみ語っていた。彼女はそのためのストレスが尋常でなく、うつ状態を悪化させてしまったのである。学校での親のモンスター化が言われるようになったのもここ十年ほどのことである。私自身も以前だったら考えられないようなクレームを患者さんからいただくことがある（もちろん私は悪くない、という意味ではない。私の至らなさを以前は患者さんたちはあまり口に出さずに我慢していた可能性がある）。

引きこもりの増加と同時に、クレーマーの増加は実際に起きているのだろう。これは了解できる。

理由は分からないが。ただこれと、日本人の未熟化や、新型うつ病とを単純に結びつける訳にもいかない。

確かに最近の日本人は人との接触でまずいことがあった場合に、激しくクレームをつけるようになったのだろう。しかし、これを現代人の未熟さと結びつけるのは早計とする一つの理由がある。それは現代社会のあり方を最も敏感に映し出しているはずの若者について、特にそれが起きているわけではないということなのだ。おそらくモンスター化している親や、救急医を困らせる患者は、三〇代、四〇代の中年層なのだろう。そしてその他罰傾向が、職場でのうつの際にも現れていて、それが「現代人は都合よくうつになる」という印象を与えている気がする。つまり以前のように静かにうつになるのではなく「職場のせいでうつになりました」と声高に主張することで、会社側も心証を害し、苦々しく思うであろうからだ。

ただこれは日本人の行動パターンが、少し変わってきたからであると考えたほうがわかりやすいように思う。何度も例に出して恐縮だが、私が二〇〇四年にアメリカから帰って体験した逆カルチャーショックの際は、日本人が依然として「理由もなく我慢する」傾向が強いことを改めて感じさせられた。しかしいまそれが少しずつ変わりつつあるということだろう。ただどのように自己主張をしたらいいか、その力の加減がわからない。だから時々突然怒りをぶちまける。これはモンスター化現象の最初の兆候とも言える。対応する側もどうしたらいいかわからないで戸惑っているのだろう。技をかけるだけで受け身を知らない柔道のように。こうしてサービスを供給する側（病院、学校、医師、など）が、今度は「理由もなく我慢する」立場になっているのだ。

すでに述べたことだが、アメリカ社会の場合は分かりやすい。病院で患者さんが声を荒げると、あっという間にスタッフが「911」をダイアルして警察を呼ぶ。あるいはその前段階として警備員が呼ばれる（少し大きなビルで、警備員が配置されていないことはない。大声が聞こえた直後には、すでに警備員の姿が見えることが多い）。

ところが日本の病院などでは、患者さんが怒鳴り散らすのを前にして、職員が平身低頭、ということがよくある。患者さんがいくら声を荒げても、まさか米国のように懐から銃を取り出す、ということは起きないから、職員のほうもタカをくっているというべきだろうが。

最後はモンスター化現象の話に及んだが、この現象も結局は自己愛トラウマによる被害としての現代型うつ病と表裏一体の関係にあるということを示せたのではないかと思う。

参考文献

（1）松崎一葉編『こころの科学』一三五号（特別企画 職場復帰——うつかなまけか）日本評論社　二〇〇七

（2）笠原嘉『退却神経症』講談社　一九八八

（3）樽味伸「うつ病の社会文化的試論——とくにディスチミア親和型うつ病について」『日本社会精神医学会雑誌』一三巻一二九—一三六　二〇〇五

（4）中安信夫「うつ病は増えてはいない——大うつ病性障害（DSM）とは成因を問わない抑うつ症状群である」

『日本精神神経学雑誌』一一一巻六号六四九―六五六　二〇〇九
（5）ウォーコップ著、深瀬基寛訳『ものの考え方――合理性への逸脱』講談社学術文庫　一九八四
（6）張賢徳「自殺予防との関係からみて」『日本精神神経学雑誌』一一一巻六号六七四―六七九　二〇〇九

第3部　文化装置としての恥

第7章　トラウマ回避のための「無限連鎖型」コミュニケーション

日本人にとっての恥の意味――出発点としてのベネディクト

本章では恥や自己愛トラウマの問題に関して、日本語によるコミュニケーションという観点から論じたい。

従来は日本人のメンタリティはとかく恥の感情と結びつけられて来たが、罪の文脈からも多くの興味深い論点を見出すことができる。そこで日本人における恥と罪悪感の問題を半世紀以上も前に論じたルース・ベネディクトの著作[1]を議論の出発点としたい。

ベネディクトの名前や業績は、多くの方にとってなじみ深いものであろう。彼女の著した『菊と刀』は、第二次世界大戦の終結直後の一九四六年に米国で出版されたが、戦時の反日キャンペーンの一環として書かれたものとみなされる傾向がある。しかしそれは時代背景を考えた場合にはやむをえなかったのであろう。

『菊と刀』は日本文化における恥の意味に注意を向けたという意味で画期的な本であった。しかしそこに示された日本文化の理解は過剰に図式化されたものであった。ベネディクトは、日本社会では人前で恥をかかされることを極度に恐る傾向があると捉えた。人前での恥の体験はトラウマにつながる、という視点であろう。そしてそれを原罪の意味を重んじるキリスト教社会のアメリカ文化と対比させた。わかりやすく言い直せばこういうことである。恥は他人との関係で生じて人間の行動を規制する。それに敏感な日本人は、「人が見ていなければ悪いこともする」というニュアンスがあるのである。つまりベネディクトの説は、日本社会においては本質的な規範や倫理性が欠如していることを示唆しているかのようであった。他方欧米社会においては、罪は神との関係で体験されるものであり、内在化された規範、倫理観を意味する。そしてそこには罪の、恥に対する倫理的優位性という前提が見て取れたのである。

ベネディクトへの賛否両論

戦後の日本においては罪悪感や恥をめぐるさまざまな文化論が提示されたが、そのひとつのきっかけとなったのがこのベネディクトの著作であったことには異論は無いだろう。日本人にとっては人前での恥はトラウマ体験となりやすく、それを回避するために全力を尽くす、という発想は大枠においては間違っていない。しかしそれをあまりに類型化しすぎたために、この議論には数多くの批判がよせられた。

たとえば哲学者である和辻哲郎は、「ベネディクトの述べている日本人の価値観は一部の軍人にしか当てはまらない」と述べている。(2) たしかに昔から武士道や軍人の行動規範には、「武士道に恥じない行動をする」とか「軍人として恥ずかしくない死に方をする」などという表現とともに、恥を極度に恐れ、回避する傾向が見られたという印象を持つ。ただしこれは微妙に論点をずらした議論であったともいえる。一部の軍人だけがそれほど特別なメンタリティを備えていたかどうかは疑問であるし、恥の社会という視点が一部の軍人には実際に当てはまってしまうかのような主張には異論も多かった。

なお著名な精神医学者である土居(3)のベネディクトへの反論は広範に及び、ベネディクトの恥と罪の理論の持つステレオタイプ化の傾向をさまざまな角度から的確に捉えて批判したものだった。私も読んで胸がすく思いがした。さらにベネディクトの主張に触発された恥の議論については、「恥とは他者との関係において生じるのか、それとも個人の心の中でも単独に生じるのか」という議論に従った作田啓一(4)や井上忠司(5)の業績があり、公恥と私恥についての生産的な議論を生んだ。

日本社会における罪の意識

ベネディクトは日本人が恥を回避する傾向に主として注目したが、恥としばしば対比される罪悪感の方はどうであろうか？　これに関しては民俗学者柳田國男の反論に注目したい。彼はその著作(6)で次のように論じている。

「日本人の大多数のものほど『罪』という言葉を朝夕口にしていた民族は、西洋のキリスト教国にも少なかっただろう。」

つまり日本人は罪の意識もしっかり持っている、いや持ちすぎている、というわけだが、私はこの柳田の反論におおむね共鳴する。私は幼い頃から、日本人が頻繁に用いる「すみません」という言葉に、いつも違和感を覚えてきた。そのうちそれが日本という文化をかなり明確にあらわしているのではないかとも考えるようになった。だから日本人ほど謝る国民はいない、とでも言いたげな柳田の意見は私もその通りだと感じるのだ。

この柳田の議論が同時に示しているのは、恥だけでなく罪もまた対人場面において頻繁に生じる感情であるということであるが、それも正しい指摘であると言える。なぜなら「すみません」とは言葉の上では謝罪を意味し、罪の意識を他者に向かって表現していることになるからだ。人は悪い行いをした場合に、個人として、自らの神との関わりで罪の意識を持つこともあれば、その行いにより傷ついた人を前にして罪悪感を喚起され、謝罪することもある。日本人の「すみません」は「『罪』という言葉を朝夕口にする」（柳田）典型といえるであろう。

私の異文化体験から——英語でほめられるという体験の違和感

以上のベネディクトと柳田の見解の両方にそれぞれ何らかの正当性があるとすると、日本人は恥の体験を恐れるだけでなく、罪の意識も頻繁に表明していることになる。しかしそれでは日本人と米国人は同じように罪悪感を体験していると言えるのだろうか？　私はやはりそこには大きな差があると考える。ただしそれは日本人とアメリカ人が罪悪感をどのように実際に体験しているかという点ではなく、いかに言葉で表現するのか、というレベルにおいての違いなのである。つまり罪悪感の他者への伝達のされ方に日米の違いがあるというのが私の考えであり、本章で最も強調したい点である。

罪悪感や恥を表現した際、それは周囲の人びとにもさまざまな反応を生むものだ。謝罪したり恥じ入ったりする人を前にして、私たちは同様の感情を持ったり、逆に自分たちが罪や恥の感情を他人に負わせているのではないかと心配したりする。それらの言語的な表明が過度に行われた場合には、それだけ大きな情緒的反応を相手に及ぼすであろう。また逆にそのような効果を狙ったうえで表現されることもある。それが私が考える罪悪感が持つコミュニケーションとしての意味なのだ。そしてこの考えに至った経緯を説明するためには、まず私の個人的な体験に触れなくてはならない。

私の正式な「異文化体験」は実際にアメリカに渡った時から始まる。一九八七年のことだ。最初の頃大きな違和感を覚えたのが、人にほめられたり、人に謝罪するという体験だった。英語ではほめられた際に、原則として相手に対して〝thank you（有難うございます）〟と返す。これは初歩的な約束事といえる。しかしいざ実行する段になると結構勇気がいることなのだ。それはまさに自分の中にないものを、無理やり言葉により表現させられるという体験だったのである。

たとえば人前で簡単な挨拶やスピーチをしたとしよう。そして「あなたのお話はとても面白かったですよ」などと言われたとする。これに対して日本語なら「いえ、とんでもない」とか「いえ、お恥ずかしい限りです」などと応じることになるだろう。しかし英語では「有難うございます」となる。つまりそのほめ言葉をいわばいったん引き受けることになる。言葉の上で「真に受ける」わけだ。これは日本語でのコミュニケーションとはまったく異なるメンタリティに基づいたものであるように私には思えた。

ほめ言葉を「真に受け」て感謝の言葉で返すアメリカ人やイギリス人の態度は、日本人のそれに比べてよりいっそう洗練されているのだろうか、それとも逆なのだろうか？　私はその答えをいまだに得ていない。しかし少なくとも英語圏の人びとの反応には、素朴な自己肯定に基づいた単純明快さと率直さが表現されている。私はそこに好感を覚えた。

英語圏で人が誉められた際のこの「率直な」反応は、「有難うございます」には留まらないこともある。「ありがとう、お気に召していただいてうれしいです（Thank you. I'm glad that you liked it.）」「そんなふうに言っていただいてありがとう（Thank you for telling me that.）」「ありがとう。私も頑張りましたから（Thank you. I did my best.）」と言い継ぐアメリカ人も多い。

これらの「率直な」反応の特徴は、それらの表現により会話がそこで一区切り付くことである。一方が他方をほめ、他方がそれを率直に受け止めたことを表明し、そこでコミュニケーションがとりあえず完結するのだ。手紙とかｅメールのやり取りなどを考えればわかるとおり、これが通常の意思伝達のあり方である。

翻って日本語ではどうか？　この「一区切り」が明確でないのだ。私たち日本人はほめ言葉を率直に受けることを得意としない。そうすることにとてつもない居心地の悪さを感じてしまう。結果としてほめ言葉をすぐに否定し、相手に押し返してしまうのである。

スピーチなどで「あなたのお話はとても面白かったですよ」と言われた際の、私たち日本人としての反応は、先ほど述べた「いいえ、お恥ずかしい限りです」以外にも、「いやいやとんでもございません」とか「お耳汚しなものをお聞かせしました」（これも考えてみればすごい表現であるが）などいくつものバリエーションがある。しかしこれらの反応に対して、たいてい最初にほめてくれた相手は「またまたご謙遜を」とか「いや、本当に素晴らしかったですよ。お世辞ではありません」と言ってくれるだろう。つまり向こうもまた「真に受けて」くれないのである。そしてほめられた方は「そうですか、そんなによかったですか？」などとそれを受け入れることはありえない。「いやいや、とんでもありません……」などと繰り返すであろうが、このやり取りを延々と続けるわけには行かないから、少しずつ声の調子を落としていき、最後まで相手のほめ言葉を受け取ることなく終わるのである。これが私が以下に「無限連鎖型」と呼ぶ、おそらく日本語に特異なコミュニケーションなのである。

お互いに決着をつけない、どちらが正しいかを決めない、お互いに恥をかかない、かかせない、というコミュニケーションなのだ。

日本語における罪悪感と「無限連鎖型」のコミュニケーション

これまでは英語のほめ言葉への対応に苦労したという私の体験について述べたが、次に日本語による罪悪感の表現について考察する。

私はほめ言葉に対して「有難うございます」と返すことの居心地の悪さを、最初は「気恥ずかしさ」のせいだと考えていた。しかし気恥しさなら、すでにほめられた時点で生じているはずである。ところがほめ言葉にまつわる居心地の悪さは、そのほめ言葉に対する否定の言葉が口から出るまでの一瞬、つまりほめ言葉をいったんは受け取ったままでいる状態に生じるようなのである。そしてこの居心地の悪さは、結局は罪悪感と同類の感情も関係していると理解するようになった。なぜならほめ言葉を「真に受け」たままでいる状況は、自分が優れた存在、強い存在であるという前提に立つということであるが、それはまさに罪悪感を引き起こすような状態なのだ。ただしここでの罪悪感とは私がかねがね用いていた定義によるものだ。その定義とはすなわち「自分が他人より多くの快（より少ない苦痛）を体験する際に生じる感情(※)」と言うものであった。そこで本章ではこの気恥かしさに付随する罪悪感の問題に踏み込んで考察を深めたい。

アメリカ人は本当に謝るつもりがあるのか？

まず欧米人の罪悪感の表現について考えてみよう。私はアメリカに住んでいる間じゅう、彼らの謝

（※）私は罪にしても恥にしても、他人との関係で体験されるものと自分に対して感じるものとは独立し、平行して存在してしかるべきと考えてきた。つまり両者とも「社会的感情（social emotions）」でありかつ「自意識的感情（self-conscious emotions）」でもありうるという点では共通しているのである。しかし罪と恥に共通する特徴について考察を進めていくうちに、その区別が必しも容易ではなく、文献的にも十分に満足のいくような区別がなされていないと感じるようになった。

そこで私はかねてより恥と罪の意識について私なりに定義し、両者を区別する試みを公にしてきた[7]。そして恥とは、「対人関係において自分の弱さ、不甲斐なさの認識に伴う感情」（強↕弱、ないし優↕劣の軸）にあり、罪とは、対人関係において自分が他者に不快や苦痛を与えたという認識に伴う感情（善↕悪、ないし快↕不快の軸）という理解を示したのである。このうち罪に関しては、それが生じる状況をさらに一般化し、「（罪悪感は）自分が他人より多くの快（より少ない苦痛）を体験する際に生じる感情」、ないしは「自分が他人より少ない苦痛（多くの快）を味わう際に、それにともなって体験される感情」としたのである。

恥と罪に関してこのような区別を設けておくことで、それらの感情が対人関係で生じるかどうかについての議論を当然のこととして省略することができる。なぜなら上の過程は自分の心の中でも、直接の対人場面でも同様に生じるからである。

罪の仕方がかなり「淡白」で、重みが感じられないことが多いという印象を持っていた。もちろん一般常識として、欧米人が簡単には謝罪しないという先入観を持っていたこともたしかである。渡米前からよくこんなアドバイスをもらったものだ。「欧米人は車の接触などの事故が起きても決して謝罪しようとしない。罪を認めたら訴訟で負けてしまうからだよ。それに比べて日本人は簡単に謝ってしまうから、気をつけなくてはならない。」もちろん事故のような場合には、深刻な利害を伴った駆け引きが必要とされるので、簡単に謝罪の言葉を口にしないのもやむをえないのかもしれない。ところが通常の日常生活において謝罪の言葉を聞いた時でも、英語ではその重みがあまり感じられないことが少なくなかったのである。

日本語の謝罪の言葉「すみません」に一番近い英語としては、まず〝I'm sorry〟が考えられる。しかし「すみません」に比べて〝I'm sorry〟はそのニュアンスがかなり異なるのだ。アメリカ人の謝罪の言葉を聞いても、「本当に謝っているつもりなのだろうか?」と疑いの気持ちを持つこともあった（実は欧米人だけでなく、アフリカ圏やアジア圏の人びとに関しても同様の印象を持つことが多いというのが最近の私の実感であるが）。

もちろん〝I'm sorry〟が自らの落ち度に対する率直な謝罪の意を表すことはある。それを取りあえず〝I'm sorry〟の本来の意と考えておこう。しかしそれ以外にも、「遺憾である」、つまり必ずしも謝罪の意図を含まない、単に「残念である」という気持ちの表現である場合もあるということを日常会話の中で知ったのである。たとえば〝I'm sorry to hear that〟という言い方を聞くと、これは

「そのことを聞いて残念に思う、かわいそうに思う」という意味であり、これはすでに謝罪の原型からは遠いことが分かる。

〝I'm sorry〟はまた、謝罪と遺憾の意の中間の意味を持つこともある。遺憾の意、とはよく政治家が使うあの言葉だ。謝っているようで謝っていない、いわば「条件付きの謝罪」とでも呼ぶべきものだ。たとえば英語には、誰かを怒らせた時などに〝I'm sorry if I hurt your feeling〟（もしあなたの気持ちを傷つけたとしたら、ごめんなさい）と返すことがある。これは率直な謝罪というよりは、「それに傷つくあなたにも問題がありますよ」というメッセージがこめられている可能性もある。

このように通常は謝罪の表現であるはずの〝I'm sorry〟は、その後に〝that〟構文を従えることで純粋な謝罪ではなくなってしまうわけだが、後に何も続かない〝I'm sorry〟そのものが謝罪以外に用いられる状況に出会って感慨深かったことがある。あるネイティブ同士の会話で、一方が〝My mother passed away……〟（私のお母さんが亡くなりました。）と言うと、それを聞いたもう一人が〝Oh, I'm sorry……〟（まあ、お気の毒に）と応じたのだ。もちろんこれは〝I'm sorry to hear that……〟の省略と考えるのが普通であろうが、これなどもまさに遺憾の意、なのである。

日本人の「無限連鎖型」の謝罪と「自己愛トラウマ」の回避

次に日本人の謝罪について考えてみると、こちらのほうは逆に過剰さが特徴ではないかと思う。私たちは日常生活でも、かなり頻繁に「すみません」を口にする傾向にある。そして「すみません」の持つ過剰さは、その頻度だけでなく、その言葉の意味そのものにある。「すみません」とか「申し訳ありません」の本来の意味を考えると、「自分のしたことは、いくら謝っても謝り尽くせません」と言っていることになる。「すみません」は、「罪滅ぼしをして済ますことはできるだろうか、いや決してできない」を、「申し訳ありません」は「言い訳をすることはできるだろうか、いやできません」を意味し、いわば反語的な表現といえる。それを用いることで謝罪の気持ちを強調する修辞的な表現なのだ。そこに過剰さがあるのである。

同様の事情は、感謝の意を伝えるような場合にも当てはまる。「ありがとう」は、「有難い」、つまり「これはありえないほどの恩恵をいただきました」という意味である。あるいは「すみません」や「申し訳ありません」という本来は謝罪のための言葉が、贈り物を受け取る際に頻用されることを考えれば、日本語においては謝罪の言葉だけでなく、感謝の言葉も同様の過剰さを持っていることになろう。

過剰な謝罪や謝意は多くのバリエーションを持つ。たとえば「なんとお礼を申し上げていいか……」「お詫びの言葉もありません……」「お目汚しですが……」などはいずれもそうである。そしてこのバリエーションが「過剰さ」の程度の微妙な違いを含んでいるといえよう。

このような謝罪や感謝の過剰な表現を受けた相手の反応はどうだろうか。必然的にそれを否定する形で返すことになる。極端な謝罪や感謝をそのまま受けるわけには行かないからだ。しかし同じ日本語である以上、その否定もまた過剰に行われるだろう。こうしてこの種のやり取りは延々と続くことになる。私が先ほど「無限連鎖型」と呼んだこの種の日本語のやり取りは、日本語の謝罪や謝意の表現が持つ過剰さと関係していたのである。

「無限連鎖型」のやり取りは、行動面についても見られることがある。たとえば会食をした後には「私が払います」「いやいや、私が……」というやり取りが、レジの前で一種の儀式のような形で繰り返される。あるいは日本人同士のお辞儀による挨拶は、あたかもどちらがより深く相手に頭を下げたかを競い合うような形で行われる。この無限連鎖的なやり取りは、お互いに明確な優劣や雌雄を決することを永久に回避するための装置のようなものといえよう。それは優劣や責任の所在を明確化する傾向にある欧米人のやり取りとは非常に対照的なのである。

これらの無限連鎖型のコミュニケーションの役割は何か？　私はその主たる目標は相手に対する謝罪や感謝を過剰に表すことで、相手が自己愛トラウマを体験するような事態を回避することではないかと思う。

相手をほめる行為は、それをほめられた相手が「真に受けた」場合に、ほめた側に自己愛の傷つきを伴う可能性がある。「あなたは素晴らしい」は同時に「私はそれに比べて劣っています」というメッセージでもあり、それを相手から正しいと認められてしまう形になるからだ。その際にほめられた相手がほめ言葉を「真に受けず」に「それほどでもありません」「いやあなたこそ立派です」と返すことは、その自己愛の傷つきを軽減することになるのだ。

相手に謝罪する行為は、自らの非を認めるという意味で、やはり自己愛の傷つきを伴う可能性のある行為である。だから謝られた相手は、それが可能な場合は「いえ、こちらこそ」という返し方をすることで、謝罪する側の自己愛の傷つきを軽減し、深刻な自己愛トラウマを回避する必要があるのである。

別れのトラウマを回避する日本人のふるまい

この無限連鎖型のコミュニケーションは、優劣や責任の所在だけではなく、分離や別離のプロセスにも見られる。そこでは挨拶が反復され、繰り返されることで、別離の痛みや辛さを否認したり和らげたりするのである。ここで臨床状況を例示しておきたい。

私は日米の精神科外来の臨床を比較して、特に患者さんたちが診察を終えてオフィスを去る際のふるまいの違いについて興味深く思うことが多い。日本に帰国して外来で患者さんたちと会うようになり、面談後の別れのプロセスがかなり込み入っていることに気がついた。彼らは椅子から立ち上がって別れの挨拶を口にし、こちらもそれに返す形でかなり正式な別れの挨拶をした後、戸口から姿を消す際に、必ずといっていいほど、別れの挨拶を繰り返すのである。診療が終わった時点から、互いが視界から姿を消すまでにいくつかのステップがある場合、たとえば患者さんが部屋の隅に置いた荷物を取り上げ、簡単な身支度を整えるプロセスが入る場合には、挨拶は合計三回を数えることになる。

日本人が別れの際に何度もお辞儀をするというプロセスが、こうして臨床場面でも繰り返されるのだ。外来診療では次から次へと患者さんと会う必要があり、特に時間が押している場合などは、臨床家としてはできれば早く次の患者さんとの話に取り掛かりたいという焦りの気持ちが起きる。その際は患者さんが戸口に立った時点でもう一度向き直ることを予想してそのタイミングを待つことに、もどかしさを感じるのは私だけではないだろう。

ところが米国における臨床では、事情はかなり異なる。患者さんは椅子から立ち上がる際にひとこと別れを告げて、大概はそれでおしまいなのだ。彼らは一度別れの挨拶をすれば、もうそれぞれ別個の世界に帰っていくのが当たり前のようである。そして私も彼らが戸口を出て行く際に見送る必要を感じずに、次の患者さんのカルテの用意を始めることになる。

ただしアメリカ人の患者さんたちは、オフィスを去る際に戸口で時々こう尋ねてくるのである。「扉を閉めますか、あけたままにしますか？」そしてこれは日本人の患者からはまず尋ねられることがないのだ。この「扉を閉めるかどうか」という問いかけは、一つのエチケットという感じがするが、日本での別れの挨拶とは異なるものである。というより逆のものなのだ。なぜなら彼らは私がどのような形で対象と分離をして個人に戻るかの選択を助けてくれようとしているからだ。「ドアを閉めてひとりっきりになりますか、それともあけておいて他の人が入ってくるのに任せますか？」と問うているわけである。

ある老境のアメリカ人の女性患者さんは、セッション中涙を流して一人暮らしの寂しさを訴えた。

彼女は私との数年間の治療関係において、私に対して若干依存的になってきていることが見て取れた。私は彼女が終了の時間になってもオフィスを出て行くのが難しいのではないかと想像した。ところが時間になり終了を告げると、意外にも気持ちを切り替えるようにしてさっさと立ち上がり、戸口に向かい、言ったのである。「ドアは開けたままにしておきますか？」

私は多少依存的になっていた彼女が、苦手な別れに際して自らを奮い立たせるようにして、逆に私に気遣いの言葉を発しているというニュアンスを感じたものである。こちらは別れのトラウマを強気に乗り切る方法と考えられるかもしれない。

参考文献

（1）ルース・ベネディクト著、長谷川松治訳『菊と刀――定訳』社会思想社　一九六七
（2）和辻哲郎「『菊と刀』の感想」『和辻哲郎全集 第三巻』岩波書店　一九六二
（3）土居健郎『甘えの構造』弘文堂　一九七一
（4）作田啓一『恥の文化再考』筑摩書房　一九六七
（5）井上忠司『世間体の構造』日本放送出版協会　一九七七
（6）柳田國男「尋常人の人生観」『民族学研究』一四巻四号　一九五〇
（7）岡野憲一郎『恥と自己愛の精神分析』岩崎学術出版社　一九九八

第8章　学校教育とは「自己愛トラウマ」の伝達だろうか？

前章でも述べたとおり、日本社会は恥の文化と称されることが多いが、その教育現場で恥の体験が一種の学習や教育のような形で伝達されている可能性はないだろうか？　本章ではそのような問題意識を持ちつつ、教育と「自己愛トラウマ」との関連について考察したい。

まずひとつ私の率直な考えを述べよう。私は日本における教育の場である学校や教室が、その隅々まで恥の力動が行きわたっている場面だと考えている。子どもたちは「友達や先生の前で恥をかくのではないか」という懸念や、実際にかかされた恥の体験により突き動かされているのだ。これはおそらくは罪悪感よりも虚栄心よりも、勇気づけよりも愛情よりも嫌悪よりも、強く彼らの行動を規定している可能性がある。

私はこのことを、時には私自身の日本での小中学生時代の体験を思い出しつつ書いているが、日本においてのみこれが生じているとは少しも思っていない。むしろアメリカでの思春期病棟における医者としての体験を通し、そして小学生の息子が現地校で級友とかかわるのを傍で見ていて、彼らの体験に占める恥の位置はアメリカでも日本に劣らず極めて大きいことを実感したのである。

結局子どもの世界から大人まで、おそらく文化の差を越えて恥の感覚は普遍的なのなのだろう。恥は人と人とが社会生活を営む場面で、ある種の装置として存在している可能性がある。装置、という言い方は極端かもしれないが、後にもう少し詳しく述べることとして、その前にいくつかの基本的な論点をカバーしておきたい。

対人体験は苦痛でもある

私は基本的には、人が人と交わる体験は、多くの場合苦痛を伴う体験だと考える。もちろんそれは楽しい体験ともなりうる。しかし決してそれだけでは済まない。

「人間は社会的な動物であり、常に群れているのが自然なのである」という主張は嘘ではないとしても誇張がある、と私は言いたい。人の心はちょっとした揶揄や、差別のまなざしに傷つく。それは自然な反応である。人は他人が自分をどう観察し、どのように評価しているかを常に知ろうとするが、同時に自分たちも常に他人を観察し、値踏みしている。

そもそも周囲を意識することは人間の防衛本能に根ざしている。人は常に環境に注意を払い、他人に対して警戒したり適度な距離を保とうと試み、同時に自分との力関係を把握しようとする。また同時に人は周囲に同調することで仲間として認識されようとする。つまり周囲の人間と相互に観察しあい、探り合うことは、社会で生きて行く上で必要なことなのだ。そして、そのような視線の交錯する対人場面で多大なストレスを体験するのは無理のないことである。

その意味では対人体験における自意識は一種の「皮膚感覚」のようなものである。皮膚が温度や湿度に敏感に反応するように、人も他人のまなざしを、時には痛みや快感を覚えつつ感じ続けるのである。それはむしろ生きていく上で必要なものといえる。

恥の問題について論じる前に、以上の点は押さえておきたい。私としては恥の体験やそれへの恐れを、それ自体はネガティブなものでもポジティブなものでもなく、人間の本性に根ざしたものであるという理解からいつも出発すべきだと考えるのだ。

恥は一種の学習装置ではないか？

さてその社会的な意味での皮膚感覚が最も敏感になる時期が、精神分析学でいう「潜伏期」である。これは小児期に始まり思春期にいたるまでの時期（六〜十二歳頃）であり、「認知能力や身体的能力の発達に従って興味の対象を外界に求め、仲間の中で多くのことを学ぼうとする時期」（『精神分析事典』）とされる（思春期においては別の意味で対人的な皮膚感覚が再び敏感になるのだが、それはまずおいておこう）。

潜伏期とは不思議な時期である。それは子どもがその所属する社会の一員となるために必要なものを一心不乱に取り入れて行く時期である。人がこれほどに急速に学習をすることは、人生でこの時期を除いてはありえない。

語彙や言葉のセンスも、味覚も美意識も、文化的な規範も、この時期に最大限に吸収される。これは人間が種々の能力を獲得する上での臨界期と考えられている。言語以外にも、器楽演奏の技術も、特定のスポーツや芸能に関しても、この臨界期を逃しては決して得られない能力が多く存在することを私たちは知っている。

私はこの臨界期は大脳生理学的な変化と密接に関係していると見る。大脳皮質の神経細胞が有する樹状突起の数は生後六歳前後で最高に達した後に減少し、思春期にいたるまでに半減するとされる。これがまさに潜伏期に重なっているのだ。この時期にさまざまな能力や知識に関する神経ネットワークが急速に形成され、それに使用されなかったシナプスは消退していく。すなわちこの時期を逃してこれほど多くの神経ネットワークを獲得することは、大脳生理学的に考えてもありえないことになる。それがこの臨界期という意味である。

このような潜伏期の特徴を単純なかたちで表現すれば、それは子どもたちがお互いをコピーする時期ということである。その時期の子どもは、仲間と自分が同じものを身に付け、同じ音楽を聴くことに最大のエネルギーを費やす。逆に仲間と自分とのちょっとした違いは大きな焦りや不安を生むのである。

この仲間をコピーする圧力やエネルギーには驚くべきものがある。親が何度口をすっぱくして注意しても反応しない子どもが、友人からいとも簡単に影響を受ける。たとえばこうである。

私の息子が米国の小学校に通っていた十二歳の頃、何人かのクラスメートと泊りがけの旅行をした。そこで普段学校では気づかなかった自分と友達との「違い」をさっそく発見したらしい。帰るなり彼は真剣なまなざしで、今日限りこれまではいていたブリーフ型をやめ、トランクス型のパンツを着用する、と宣言し、妻を洋品店に走らせた。また腋臭でもないのに、匂い消しのクリームを塗らないと仲間はずれにされると主張し、これにも私たちは当惑した（欧米人には腋臭が多く、このクリームを塗ってその香りをさせていることが身だしなみということらしい。でも東洋人である息子にはあまり関係のない話だ）。とにかく息子が、特に身だしなみに関しては全く気にせず、いかなる忠告にも耳を傾けないと思い込んでいた私と妻には、この彼の行動の変化の速さはまさに驚きであった。

潜伏期におけるコピーのし間違いは、仲間の間ですぐさまチェックされるようである。ちょっとした発音の誤りとか訛りは、クラスで失笑の的になりかねない。そして間違いをした当人はそれに気づきさえすれば即それを恥と感じ、修正しようとする。このプロセスは子どもにとってあまりに自然であり、この意味での異質なものへの気づきや排除はそのコピーのメカニズムと一体となっていると言える。これはしかし子どもたちが「仲間はずれを探している」ということでは必ずしもないだろう。お互いをコピーして均一になるという子どもの自然な志向性の、裏返しの現れと考えたい。

ところで潜伏期の子どもがお互いをコピーし合う際に、同時に起きていなくてはならないことがある。それは、子ども同士がお互いの間にもともと存在している明らかな違いを無視することである。

否認すると言ってもいい。教室には体格の大きい子どもも、そうでない子どももいる。背格好も顔立ちも、人種も違う者同士が机を並べている。その彼らがお互いをコピーし合う際、最初から存在しているお互いの間の違いにはもちろん気がついてはいても、ほとんど頓着しないようなのである（ただし性差に関しては別である）。

私は小学校時代の息子を見ていて、つくづくこのことを感じた。息子はクラスでただ一人のアジア人であり、あとは白人である。あれほど仲間をコピーするのに熱心な彼が、どうしてほとんどのクラスメートたちのようになるために髪を彼らと同じような色に染めたいと言い出さないのだろうか？なぜ一人だけ姿形が違うことで羞恥心にとらわれないのであろうか？

ここにもう一つの、恥の装置の巧妙さがあるようである。最初から存在していて、当人のコントロール外にあって変更不可能な違いについては、恥の装置は大胆に無視するのである。皮膚の色や髪の色や身長差はその例である。それはそれで一種の不変定数としてそこに存在するのである。逆にこれが簡単に変わってしまえば問題が生じる。たとえば金髪の子がある日髪を黒に染めてきたら、それはたちまち注目を浴びるし、当人に羞恥の感情を誘発するだろう。

こう考えると、子どもが敏感に反応するのは、可能な範囲において、仲間がお互い同士均一になろうとする意図を持っているか、あるいは逆にそれに抵抗しているか、ということらしい。このことは次に述べる集団に対する忠誠心の問題とも絡んでくる。

恥の装置と仲間への忠誠心

子どもに「どうしてほかの子と同じことをするの？」と問うた場合、おそらく彼らは当惑するだろう。彼らは多くの場合、それを考える以前に行なっているからである。しかしそれでも問い続けると、彼らはこう言うだろう。「だって自分だけ仲間はずれにされたくないから。」そしてさらに尋ねるとどうなるか？　ある思春期の少年はこう答えた。

「同じことをしないと、友達を怒らせているような気がするから。」

彼らにとっては、仲間をあえて真似しないことで一人浮いてしまうことは、恥の感覚を生むだけでなく、仲間に対して挑戦しているというニュアンスが伴い、それによる仲間外れの恐れを招いてしまうのである。つまりここで問題になっているのは、お互いの違い、という事実だけでなく、それをどのように埋めようと努力しているかという、彼らの仲間に対する態度なのである。

このお互いの違いの認識、恥への恐怖、仲間はずれになることへの恐れの関係性は非常に興味深い。これらの感情の複雑な絡み合いが、学校の教室で起きているのである。つまり変更不可能なお互いの違い（いわば不変定数）は無視して、それ以外の部分でコピーをしあう努力をすることでその集団に忠誠を誓ってるかどうかを、子どもたちは常に相互にチェックしているのである。

さて本題からは多少外れるが、いじめの力動もこの集団への忠誠という文脈で多少なりとも理解できるだろう。ただしそれは忠誠を誓わない子がいじめの対象になるという単純な意味ではない。いじめられる対象はしばしばそれ以外の要素で恣意的に決まってしまう。転校生や学習身体能力が「他と異なる」子どもなどがその例だ。問題はいじめがどのようにして維持されるかである。教室でいじめが生じている時は、いじめにあっている子どもを助けるそぶりをすることは、そこでリーダーシップをとっている子どもに対して、あるいはその教室の子どもたちを支配する空気に対して挑戦をすることを意味し、今度は自分にいじめの矛先が向かいかねないということになる。こうしていじめる側に加わっている子どもたちもまた凍りついているのである。もちろんいじめは不幸な現象ではあるが、これもまた相手をコピーして均一になろうとする子どもの傾向の副産物と考えられないこともない。

ちなみに米国のように、人間がお互いに均一になる傾向に対抗する形で、個の独立や独立性を尊重する考え方が共存する社会では、少なくともこのような悲劇は日本ほどは起きないようである（これについては後述する）。

教育現場は自己愛トラウマを利用しているのだろうか？

さてこのような教育環境で、恥はどのように利用されているのであろうか？

まず挙げられるのが、クラスメートの前での叱責である。私の子ども時代、すなわち一九六〇年代は、ほかの生徒の面前で教師から叱られることはごく日常的なことであった。クラスメートの前で往復ビンタ、というのは当たり前である。小学生時代に恥をかいた体験というのはほとんどこのような体験に結びついている。

小学三年生の頃、どのような経緯からは忘れたが、クラスの三人の男児が悪さをした結果として、教師に教壇に登るように言われた。そして彼らは黒板に両手をつき、ズボンを下ろすように教師に命ぜられたのだ。あわれなパンツ姿になった少年たちは、クラスメート全員の見守る中で尻を叩かれた。

これは見ていて強烈であった。私は自分がその三人の中に入っていないことに心底安堵すると同時に、自分が何かの理由で叱られて、そのような形で懲罰を受けるのではないかと恐怖を感じた。私にはそれは究極の恥の体験のように思われたし、実際にそれをやられたら深刻な自己愛トラウマとして残ってしまっていたと思う。あのときのバツの悪そうなH君（三人のうちの一人）の表情は今でも忘れられていない。

この種の叱責は、子どもの虐待にやかましい現在だったら、教育委員会で問題になりかねないのではないか？（少なくともアメリカでは大問題になるだろう。）それを今から思い出してもかなり温厚で思慮深い教師がしたのであるから、時代の流れを感じる。もちろん誰も先生に反抗する者はなかった。そのような場面で反抗するということ自体が考えられなかった。そしてこのような形での叱責の効果は絶大だったのである。

このように恥をかかせることを意図した叱責は別としても、学校の授業や行事は、ことごとく競争であり、できないものが明らかにされ、恥を体験するというプロセスであった。たとえば体育の時間がそうである。跳び箱、マット運動、鉄棒、バスケットのシュート練習。一列になり次々と行い、できるものとできないものが誰の目にも明らかになる。体育祭の時も校内マラソン大会でも、相撲大会でも水泳大会でも、できないことによりクラスメートや全校生徒の前で恥をかくという設定はいつでもあった。算数の計算競争もそうだったし、成績がいっせいに張り出される校内一斉テストもまた同じであった。

学校でこうして教え込まれることを、子どもはどの程度自分自身のためのものと思って受け入れているのだろう。たとえば逆上がりができることが、自分の健康にとって、あるいは将来社会に出るに当たって重要だと考える子どもなどいないだろう。彼らが歯を食いしばって鉄棒にしがみつき、懸命に地面を蹴る唯一の理由は、ほかの子どもができるのに自分ができないことによる恥の感覚からである。教育の場とは結局、この種の力を当たり前のように使って子どもを均一化していくプロセスと言わざるをえない。

ちなみにアメリカでは、少なくとも教室における教育に関してはもう少し考慮されているようである。みんなの前で能力が劣っていることが明らかになるような状況は一般に避けられる。体育などの場合にも、一律にみなが鉄棒やマットをやらされてできない子は居残る、というようなことはない。しかしその結果として、たとえば体育の授業は一種のお遊び、ゲームというニュアンスが強い。教室における計算やスペリングについても同じであり、米国ではできる子が校外の特別な競技に参加する機会はあるにしても、できない子どもが明らかに目立つようなことは起きないよう配慮されている。しかしその結果として個々の生徒の能力はバラバラで、中学生になっても分数の基本的な理解ができていない、という子どもはクラスでざらにいるというのが現状だ。

だから私の立場は、恥のメカニズム自体に善悪をつけることはできず、それが過剰でも、過小でも、問題が生じるであろうということである。ただ過剰な恥の体験としての自己愛トラウマは、それが可能な限り回避されなくてはならないであろうし、その結果として生徒の能力が横並びではなくなってもある程度は仕方がないとも考える。

恥に関する教育

さて教育場面における恥について考える以上、教育のもうひとつの役割についても考えなくてはならない。それは、恥や自己愛トラウマをいかに克服するかを生徒に伝えるということである。しかし日本の教育は従来も、そして現在もそのことに対してあまり役立っていないであろうと考えるしかない。教育が暗に恥の力を利用している以上、この問題について深刻に教育者側が取り組むことも不可能であろう思われる。そもそも恥というテーマは扱うことそれ自体が回避される傾向にある。ましてや教室で生徒との間でこの問題が正面切って扱われることは皆無ではないか？

結局自分の持つ過剰な恥の感覚を克服するのは、あくまでも個々の子どもでしかない。そして子どもはたいてい孤立無援である。ただし幸いなことに、子どもは互いをコピーし合うこと以外にも、喜びを見出すことがある。それは自分自身を見出していくことであり、自分の色を出すこと、自己の能動性や主体性を発揮することである。これもまた本能に根ざしたものである。自分には自分の世界があり、好みがあり、それに従うこともまたその子にとって快適なことになりうるのだ。

無論この自己の確立や主体性への願望は、仲間をコピーするというもう一つの衝動と容易にぶつかってしまう。大抵の子どもは仲間の中で「出る杭」にはなりたくないだろう。ここで大げさに言えば、子どもは人生の岐路に立たされるのである。そしてそれは潜伏期の終了が近づき、これまで不変定数であった自分の仲間との違いが視野に入るにつれて、ますます顕著になるだろう。子どもは自分らしさを追求するという力に抗し切れなくなり、むしろその方に自然さを感じる。彼らはたとえば一人だけ違う髪形にする。友達がカード集めに夢中になっているのを尻目に、ハンティングか何かの雑誌を持ち歩く……

ここで彼がユニークだといってむしろ友達の尊敬を集めるのか、それとも仲間はずれになるのかは予測不可能である。ただしその際におそらく非常に重要な点がある。それはその子どもの自己主張が単なる虚勢や注目を浴びることを目的としたものではなく、彼自身に心地よさを与えていることである。これは彼が排斥されたりいじめにあうかどうかを決める上で決定的とは言えないだろうが、かなり大きな決め手となる。皆とは異なった道を歩むことが、その子にとって内的な一貫性を伴っていること、そしてたとえ仲間が離れても、その世界で喜びを見出し続けることができることが、その子自身を内面から強く支えるのである。その子の自己主張が仲間に挑戦することを本来の目的としていないということも、自然と周囲に伝わっていくだろう。そしてそれは他の子どもたちに対しても、自分自身を追及するよう勇気づけることになるのである。

恥を克服するのは、健全な自己愛や自己顕示欲である

さて以上は基本的には個々の子どもの中に起きる内的なプロセスであり、おそらくそこに教育が関与するのは難しいであろう。しかしもし教室で教師と生徒が恥の問題について語るような機会があるのなら、以上の議論をもとにした私の次のような考えを参考にしていただきたいと思う。それはひとことで言えば、深刻な恥を克服する上での決め手となるのは、本人の持つ「健全な自己愛」であるということである。

この「健全な自己愛」とは、ここでは自分を他人に表現し、評価を得たい、認められたいという願望であり、一種の自己顕示欲という意味で用いている。これは具体的にはその人の持つ負けん気、意地、プライドなどとして発揮されるであろう。

恥に関する常識的な理解の仕方からいったら、対人恐怖の予後を左右するのは第一に、恥の病理そのものの深刻さである、という当たり前の話になるだろう。たとえば人目を避けたくて夜しか外出しないような人の方が、昼間の外出に耐えられる人よりその恥の病理は深刻であり、より克服困難であ

る、というふうに。しかしそれでは、その人が恥を乗り越えるバネとなるものを持っているかどうかという点を考慮していないことになる。そしてそのバネこそが、ここでいう「健全な自己愛」なのである。

恥の病理の典型である対人恐怖は、一般の人びとからいろいろな誤解を受けているように思う。その一つの典型は、「対人恐怖的な人間は引っ込み思案であり、自己顕示欲を持つどころではない」という考えである。ところが対人恐怖的な人でも自己を表現したいという強い願望を持っていることは少なくない。恥ずかしがりやなくせに目立ちたがり屋、という人は結構いるものである。

もう一つの誤解はその逆で、「対人恐怖は過剰で病的な自己顕示欲や自己愛の裏返しである」というものである。つまり過度な自己顕示欲や自己への期待が、それに失敗した際の恥の体験をより顕著なものにしている、というわけである。森田正馬は対人恐怖のことを「負け惜しみの意地っ張り根性」と呼んだそうだが、これも似た路線といえよう。いずれにせよこの考え方によれば、自己愛は恥の病理を助長していることになってしまう。

しかし私は対人恐怖の人が時に見せる過剰な自意識や誇張された自己顕示も、彼らの自己愛が対人恐怖症状のために思うように発揮できないことから来る焦燥感の表現ではないかと考える。彼らが人前でとっぴで奇を衒った行動に出たり、突然強気に出て人と衝突して周囲を戸惑わせるとしても、それは彼らの満たされない自己愛の発する悲鳴のようなものなのだろう。

結局ここでの私の主張は、恥と自己愛とは別々の変数だということであるとご理解いただきたい。

いきなり数学的な表現を用いるが、その議論の詳細は別の機会[1]に示している。要するに自分を他人に評価されることで満足を味わいたいという願望は、対人場面での緊張に悩まされるかどうかという問題とは独立して存在しうるのである。そしてもちろん両者は共存して差し支えない。

恥と自己愛的な傾向とが独立の変数であるということは、理屈から言えば両者の組み合わせとして四通り考えられることになる。そして私がこれまで出会った患者さんの中でやはり特に苦労しているのは、一番不幸な組み合わせ、すなわち人前に出ることが苦痛なばかりでなく、主張したいような自分を持たないで悶々としているタイプである。その場合は治療の取っ掛かりをつかむことができない。しかしそれ以外の組み合わせ、つまり対人恐怖に悩む人がそれでも自己顕示的な傾向を少しでも持っているケースであれば、それが対人恐怖を乗り越える際の梃子のような働きを持つのである。

このようにその人の自己愛を重視する立場は、治療的な介入にも影響を与える。もちろん対人場面での緊張や恥の感覚そのものを和らげるための認知行動療法的アプローチや薬物による治療は重要である。しかし同時に必要なのは、その人が自分の何を一番表現したいのか、それにはどのような手段がベストかを一緒になって考えることである。つまり当人の自己愛的側面のほうに働きかけるのだ。そしてそれを目指して人生を歩んでいるうちに、人は思春期から青年期にかけての、もっとも「皮膚感覚」が敏感な時期を乗り切り、自分をよりよく支え、自己表現の機会を提供するような資格や技能を持つことで、結果的に恥の病理は克服されるだろう。私の身近にもそのような経緯をたどった人は少なくない。

私は恥という感情を結局は非常に貴重なものとして扱っているということを改めて感じる。恥じらいを知るということ、慎みを持つということは、日本人がこれからますます欧米型の個人主義に向かうとしたら、徐々に失われていくものなのかもしれない。とすればそれはもっとも残念なことである。恥の感覚を持ってしか成立しない人間関係や到達できない文化があるはずだと私は信じている。

本章でも述べたように、あいにく学校は、頻繁に恥や自己愛トラウマを体験する場でもある。しかし教育する側がそのことを十分認識しておくことで、そしてそれを生徒と共有することで、恥は子どもにとってより建設的な意味を持ち得るのではないかと考える。

参考文献

（1）岡野憲一郎『恥と自己愛の精神分析』岩崎学術出版社　一九九八

第9章　災害トラウマを乗り越える——津波ごっこと癒し

私たちの心がトラウマを受ける機会として地震や津波などの災害がある。私たちはその種の自然災害によるトラウマとどのように向き合っているのだろうか?

津波ごっことアートセラピー

二〇一一年三月の東日本大震災から三年が経った。当時産経ニュース(電子版、二〇一一年五月二八日)に次のような記事があった。

「津波ごっこ」が流行　衝撃克服のため

東日本大震災の巨大津波に襲われた宮城県の沿岸地域の園児たちが、津波や地震の「ごっこ遊び」に興じている。「津波がきた」「地震がきた」の合図で子どもたちが一斉に机や椅子に上ったり、机の下に隠れる。また、子どもには不釣り合いな「支援物資」「仮設住宅」といった言葉も聞かれるという。「将来役立つ」「不謹慎だ」と評価は分かれそうだが、児童心理の専門家によると、子どもたちが地震と津波の衝撃を遊びを通じて克服しようと格闘しているのだという。（中略）今回の大震災に限らず、平成５年の北海道南西沖地震で大きな津波被害を受けた奥尻島でも、津波ごっこが子どもたちの間で流行したという。臨床心理士でもある藤森和美武蔵野大教授は「子どもたちがレスキュー隊員役と遺体役に分かれる形の津波ごっこで、当時は物議を醸した」と振り返る。藤森教授は（中略）「基本的にはアポロ１１号の月面着陸という大きなインパクトを受けて月面ごっこがはやったのと同じ。災害を体験した子どもたちは遊びを通して不安や怖さを表現し、心の中で克服しようとしている」と指摘する。このため、被災地ではごっこ遊びを禁止せずに見守る対応がとられている。子どもたちが不安や恐怖を克服すれば、時間とともにこの種の遊びは自然に消失していくとみられるからだ。（以下略）（石田征広）

心理学を専門にしている人間にとっては、ここに引用された藤森教授の指摘はとても常識的なものに感じられるかもしれない。外傷的な体験を遊びにおける繰り返しの中で克服していくというプロセスは、フロイトの「快楽原則の彼岸」(1)における子どもの糸巻き遊びの例などとともにしばしば語られる。ただし私は常識についてはは必ず疑うことにしているので、この妥当な説明にも、「本当だろうか？」と考えてみる。そして藤森説の大部分に賛成ではあっても、やはり一部に違和感を覚えるのである。そこでこのテーマをとっかかりにして災害とトラウマについて私が日頃思うところを少し書いてみたい。

この津波ごっこについての記事は、私たちが外傷について思い出し、それを表現するということの持つ意味を問うているが、同様の問題を提起した例として、次のような報道もあった。

「アートセラピー」かえって心の傷深くなる場合も

心のケアのため、被災地の子どもに絵を描いてもらう「アートセラピー」について、日本心理臨床学会が九日、注意を呼びかける指針をまとめた。心の不安を絵で表現することは、必ずしも心的外傷後ストレス障害（PTSD）の予防にはつながらず、かえって傷を深くする場合もあるという。（中略）臨床心理士ら約二万三千人が所属する同学会が九日にまとめた『心のケア』による二次被害防止ガイドライン」では「絵を描くことは、子ども自身が気づいていなかった怒りや悲しみが吹き出ることがある」と指摘。特に水彩絵の具のように、色が混ざってイメージしない色が出る画材を使う際には、意図せず、強い怒りや不安が出てしまう心配があるため、注意が必要とした。（中略）指針では、心の表現を促す活動は、専門家とともに行い、心のケアなど継続的にかかわることができる状況でのみ実施するよう求めた。ＰＴＳＤに詳しい国立精神・神経医療研究センターの金吉晴・成人精神保健研究部長は「安心感のない場で心の傷を無防備に出すことは野外で外科手術をするようなもの。描いた絵の展示も控えるべきだ」と話している。（岡崎明子）（朝日新聞二〇一一年六月一〇日）

これも見逃せない記事である。同様の懸念は諸外国の研究でも明らかになっているという話も聞く。私はこの「アートセラピーに気をつけるべし」という判断はかなり臨床的に洗練されたものであると思う。それは私たちが心の傷を負った人に対して直感的に妥当だと思える関わりが、実は必ずしもそうではないという知見を伝えているのである。

実は私はこのアートセラピーに対して警鐘をならす記事を見て「え、津波ペインティングって、なるほどいいアイデアだと思ったのに、いけないのだろうか？」と心の中で思ったのだ。そして同時に「いやいや、実はこれは新たなトラウマにもなったりするのだろう。最近の知見ではそうなっているに違いない。専門家としてそれを知らないのは恥ずべきことなのだろう」と判断したのだった。

このようにトラウマを負った人びとにとって、何が治療的かという判断が、私たちの直感や常識と微妙に異なるということを、私たちトラウマ治療の専門家たちがかなり身にしみて体験した経験があった。それが一九九〇年代からの「ＣＩＳＤ」をめぐる論争である。

一見常識的な介入がトラウマ的になる？　いわゆる「ＣＩＳＤ」の問題

道で倒れて苦しんでいる人を見たら、私たちはすぐにでも駆けつけて抱きかかえ「大丈夫ですか？」と声をかけるだろう。テレビドラマなどでも見かけるこのようなシーンは、私たちの一見常識的な反応を示している。しかしいきなり肩をゆすり、大きな声で話しかけるよりも、呼吸や脈を確認した後は、そこが安全な場所であることを確認して当面は安静を保ち、救助の到着を待つほうがいい場合もあろう。

心にトラウマを負った直後も、精神的な安静を保つことが必要であることが最近はわかってきている。しかし私たちが心の外傷についてまだ十分な知識を持たない頃は、できるだけ早く手助けを行うべきという考えが支配的であった。いわゆるＣＩＳＤ（Critical Incident Stress Debriefing 緊急事態ストレスデブリーフィング）といわれる介入方法はそのような意図のもとに開発された。

ＣＩＳＤは災害が生じた際に七二時間以内に、被災者たちを集めてその体験を話し合う機会を提供するものだ。そこでどうやって災害が起きたのか、どのようにそれに対処したのか、何を感じたのかなどについて二、三時間かけて一種のブレインストーミングを行うことである。ここでデブリーフィング（debriefing）とは、もともと軍隊で用いられる用語で、前線から戻った兵士に戦況を報告させることを指す。創始者ジェフ・ミッチェル（Jeffrey Mitchell）は、もともと米軍のパラメディックであったためにそれをＣＩＳＤとして考案したのだ。(2)

このＣＩＳＤは一時非常に広く行われた。米国では一九九五年のオクラホマシティ連邦政府ビル爆破事件の際も用いられ、わが国でも阪神・淡路大震災をきっかけによく知られるようになった。災害の生々しい体験をその直後に救援者や被災者に語らせるという手法は画期的であり、それが米国における最先端の治療法であるという意識もあって、わが国にも浸透したのである。

ＣＩＳＤはこうして災害の際の精神医学的な介入の主流となるはずであった。ところが一九九〇年代後半から困惑するような研究結果が報告されるようになった。それはＣＩＳＤがそれほど有効ではなく、後にＰＴＳＤを引き起こす可能性が増すという研究結果であった。そしてこれが当然物議をかもすことになったのである。

この事情に関しては日本トラウマティックストレス学会のホームページに優れた解説が載っている。それを拝借して説明するならば、医学的なエビデンス・データを発信している The Cochrane

Library も数多くの研究論文や研究者との直接連絡から、ＣＩＳＤの有効性に関する検討を行っており、こちらでは「心理的苦痛を緩和することも、ＰＴＳＤ発症を予防することもない」とより厳しく結論づけ、「トラウマ犠牲者・被災者への強制的なデブリーフィングはやめるべきである」とまで言及しているという（以上同学会のホームページより http://www.jstss.org/topic/treatment/treatment_05.html#top）。

トラウマを体験した人たちにいち早く行う介入。直感的には決して間違ってはいないように思えるＣＩＳＤという治療手段も、それが逆効果となってしまう不思議。何が治療的に作用して、何がそうでないかはほんとうに難しい問題なのだ。

ちなみに私自身は、ＣＩＳＤを害があるもの、と決め付けるのもやや早計であろうと思う。おそらくＣＩＳＤが常識的に考えるほど効果を発揮しないということは間違いないであろうが、それにより救われ、ＰＴＳＤの発症を免れたという人がいてもおかしくないはずだ。トラウマの直後に早期に介入することは、人によりさまざまな反応を引き起こすというのが相場ではないか。それで全体をならすと効果が見えなかったり、逆効果に働く人の影響が勝ってしまうというところなのであろう。

そもそも、災害にあった人びとは通常は救急隊員やパラメディックや医師たちにさまざまな質問を浴びせられることになるだろう。心配して駆けつけた家族に一部始終を尋ねられることもあるに違いない。同じ助かった仲間からは、運悪く命を落とした人たちの話を聞かされるかもしれない。デブリーフィングで生じるさまざまな侵入的な体験は、実は被害者には不可抗力的に生じている可能性がある。

ＣＩＳＤに関する調査結果は、もうひとつの問題を軽視しているように思える。それは、それに参加した人の主観的な体験はどうだったのか、ということである。もしそれに参加した人がおおむね助けになったものと感じたなら、それが数カ月後、一年後にＰＴＳＤを予防する結果になったか、増加させることになったかは、また別の問題として扱うべきであろう。それはこんな簡単な例を考えればわかるかもしれない。ある鎮痛剤が虫歯の治癒を遅らせる可能性があるとしよう。虫歯の強い痛みを訴える患者さんがその鎮痛剤を用いることを医療者としては止めるべきであろうか？　これは実に難しい判断である。このことは実は災害時のベンゾジアゼピン系の安定剤の使用に関しても言えることであった。デパスやソラナックスといったベンゾジアゼピン系の安定剤は、災害やトラウマにあった人の不安を和らげる上では著効を発揮する。しかしそれを災害直後に多く用いた人はその後のＰＴＳＤからの回復が遅れる、という研究報告が提出されている。

さらにこの考えは津波ごっこにも、アートセラピーにも通じることである。人が災害に遭い、それを援助する試みの中で一見常識的なアプローチを行う。それに対する人びとの反応はきわめて主観的で個人差がある。ある人はそれを侵入的と感じて外傷反応を悪化させ、別の人はそれをひとつの癒しや新たな洞察を得る機会とする。ある外傷がその人にとってどちらの反応を生じさせるかは、その外傷の種類などの客観的な情報からは容易には予想できないのである。とすると私たちにできることは、少なくとも常識的なかかわりがその人に害がある、あるいは治療的に働くという判断を早計にしないことであり、またあるかかわりを一定の集団に一律に行う際には、常に個々人に与える影響に注意を払うということでしかないのであろう。

トラウマと思うからトラウマになる？

これまでの話はどちらかと言えば当たり前のことだったかもしれない。それは常識的な治療的な働きかけが実際に人にどう働くかについては、そこにかなり主観的なファクターが絡むということである。ここからさらに論じたいのは、外傷の持つもう一つの意味での主観性ということだ。つまり自分の受けた体験がトラウマ的であったと思うことで、実際にその体験がトラウマになる可能性があるという事情である。そしてこれは注意深く論じないと誤解を招きやすい問題なのだ。

この件に関して最近興味深いニュースを読んだ。これもオンラインで読むことのできるものだ。最近Miller-McCune誌に掲載されたマイケル・スコット・ムーア（Michael Scott Moore）の記事である。(3)

イラクやアフガンでの体験からPTSDになる割合が、米国の兵隊はイギリスのそれに比べて数倍多いという。英国の王立医学協会の発表によれば、米国ではそれが三〇パーセントなのに比べてイギリスでは四パーセントであるという。そしてそれは同等のレベルの戦闘体験を持ったグループ間で言えることだというのだ。もちろん英国の兵役が六カ月でアメリカが一年ということも影響しているかもしれない。しかしアメリカ社会におけるPTSDが英国に比べてかなり高いことも影響しているという。これ

について イーサン・ワターズ（Ethan Watters）という専門家は、PTSDは文化によっても作られ、しかも完全に当人にとってはリアルなものであるという。（抜粋、岡野訳）

これはどういうことだろうか。米国と英国の兵士のPTSDの発症率には大きな違いがあり、それはおそらく兵役の期間の違いだけではとても説明できないであろうということだ。そこでPTSDに関する両国の人びとの意識の違いが浮かび上がってくる。米国では兵役を終えた人は、自分がPTSDではないかという意識を持ち、また他人もそのような目で見る。深刻な外傷体験を受けた人の一〇～一五パーセントにPTSDが発症することもある程度常識として浸透しているかもしれない。そもそもPTSDの概念の始まりは、ベトナムからの帰還兵に見られる一定の症状群について記載することから始まったことなのだ。PTSD概念も米国の人びとには広く浸透している。他方の英国には、そのような事情がさほど見られないということが、両国のPTSDの発症率に著しい違いを生んでいるという説明だろう。

ここでの問題は「帰還兵にPTSDを見出すことができない英国の医療者側の問題か、それとも英国の帰還兵の中に実際にPTSDの症状を示す人びとが少ないか」ということである。ただしこれは次の言い方をしても同じことになる。

「帰還兵にPTSDを見出しすぎる米国の医療者側の問題か、それとも実際に米国の帰還兵にPTSDの症状を示す人びとが多いのか。」

一般にある疾患についての関心が高まると、その罹患率も上昇するという現象を私たちはたびたび経験してきた。少し前のＢＰＤ（ボーダーライン・パーソナリティ障害）がそうだし、最近の自閉症やアスペルガー症候群もそうだ。米国における社交不安障害についてもそれがいえるだろう。その場合、「実際に罹患率が増えているのか、それとも診断する側の目が肥えてきているのか」という議論はいつも出てくるが、結局「おそらく両方が貢献しているのであろう」という漠然とした答えしか出されていないというのが私の理解である。なぜならこのいかにも単純な問に正確に答えを出すような研究には膨大な手間と費用がかかることが明らかであり、事実上実現不可能だからである。

ただここで一つ注意したいことがある。米国で帰還兵や医療側にＰＴＳＤに関する意識が高まっていることが、彼らの罹患率を押し上げているとしても、「ＰＴＳＤは気のせいだ」ということにはならないということだ。先に述べたワターズの主張にもあるように、どのような経緯でＰＴＳＤを発症したとしても、それは依然としてＰＴＳＤであり、そのリアリティに変わりはない。

それにもし「ＰＴＳＤは気のせいだ」ということであれば、「ＰＴＳＤでは̀な̀い̀というのも気のせいだ」というロジックも同時に成立してしまう。つまり英国の帰還兵や医療者側は、彼らがＰＴＳＤであるという発想をあまり持たないことがＰＴＳＤの罹患率の低さに反映されているということになるが、それは「帰還兵の中には、実際にはＰＴＳＤなのに、そう思わないことでその症状が消えてしまっている（気のせいでＰＴＳＤでなくなっている）」ということになり、そのような理屈を信じる人は、「ＰＴＳＤは気のせいだ」を信じる人よりもさらに少なくなってしまうだろうからだ。何しろ一般の人びとはＰＴＳＤを「賠償神経症」として（つまり賠償金目当ての病気として）棄却する方向にバイアスがかかっているのである。

しかしこの点はある複雑な事情を指し示していると言ってよい。ＰＴＳＤは、そしておそらく数多くの精神疾患は、これもワターズの指摘にあるように、「文化によっても作られる」ということである。自分がＰＴＳＤを発症してもおかしくないという意識を与えられることが、その実際の発症に繋がる。あるいは自分の体験したことがトラウマであるかもしれないという意識がトラウマを生む……。しかもそれは「気のせい」のトラウマではない、正真正銘のトラウマ、そこからＰＴＳＤ症状が生じてもおかしくないトラウマを生む可能性が増すのである。

人間の戦闘体験はおそらくその歴史のはじまりからあるのだろう。それでいて戦争を描いた記録の中に、ＰＴＳＤの症状を示す人びとの記録があまり残っていないとしたら、それはＰＴＳＤというものが最初から発想になかったから、という可能性がある。ではどうしてＰＴＳＤ概念は以前は存在しなかったのだろうか？　それはおそらく戦争による心のダメージを語ることは、為政者にとってきわめて不都合なことだったからだろう。彼らの賠償責任が問われてしまうからだ。同様の事情は女性における性被害にも及んでいる可能性がありはしないか？　その社会での支配層（典型的な場合は多数派民族の成人男性）にとって不利なことはあまり語られず、名前を付けられない症状はそれとして認識されず、結局は存在しなかったということになるのだろう。

トラウマとしての意味づけと学習

繰り返すが「トラウマを受けたと思うからトラウマになる」という表現を誤解しないでいただきたい。これは「トラウマは気のせいだ」というふうに取られかねないという意味では危険な言い方だ。しかしそうではない。「トラウマは気のせい」という時、主観的な体験としてのトラウマや種々の症状は実在しないことになる。ところがトラウマを受けたと思うことでトラウマの犠牲者になった人の場合、主観的な体験も症状も現実のものである。この点を理解していただくのが本章の一番の目的である。

もう少し整理して述べるならば、トラウマには、意味づけが決定的なかたちで関与している可能性があるということだ。自分の持った体験においてわが身が深刻な危機にさらされたという意味付けや認識が、そのトラウマという体験を成立させている。時には自分がかつて体験したことが深刻な事態であったことを後から認識して、そこから発症するPTSDもある。

アメリカで同僚の医師からこんなケースについて聞いたことがある。ある女性が男性に脅されてお金を取られそうになり、すんでのところで逃げて助かったという体験を持った。それは本人にとってはトラウマになったというほどではなかったのだが、やがて同じ男性が別の女性を殺して金品を奪ったという報道に接して愕然とした。そしてそれからフラッシュバックが起きるようになり、PTSDを発症したということである。つまり自分の持った体験が「自分は一歩間違えれば殺されかねなかったんだ」という意味を与えられたことで、深刻なトラウマとして成立したというわけである。

　ただしこの意味づけには、どのような症状として表されるのが一般的かという、より細部にわたった学習も含まれる。ＰＴＳＤの診断基準に見られるように、トラウマの体験の後、その再体験としてのフラッシュバック、情緒的な鈍磨反応、失感覚、それとは対照的な過覚醒といった症状群は、一部の患者にはごく自然に生じても、それを報道で知ったり、身近にそれを呈している人を見ることで他の患者にもそれだけ起きやすくなるのであろう。これがワターズが「ＰＴＳＤは文化によっても作られる」と言ったことである。しかしこれらの症状は何もないところから生まれたのではない。おそらく患者はＰＴＳＤを発症しなければ、抑うつ症状や不安症状などを呈していた可能性があるのである。

　実は同様の文脈で誤解されていると私が考えているのが、「擬態うつ病」ないしは「現代型うつ病」（本書の第6章を参照されたい）である。最近急増しているといわれる「新型うつ病」について論じる人の中には、それが偽うつ病、つまり「うつ病のフリ」に過ぎないという主張も見られる。うつ病の診断が広まることにより「自分もうつではないか？」と思う人が増え、結局は本当にうつでもない人まで、うつだと主張するようになる、というのが彼らの説である。しかしどのような経緯であれ、よほど明らかな仮病を除いては、うつはうつであり、その苦痛は同じであるというのが私が強調したい点である。

　私は、それまでは自分をうつと考える機会がないためにうつという症状を持つに至らなかった人が、うつ病になっている可能性があるという立場である。最初から明確なうつ症状を示す人以外に、そのようなタイプのうつもあるということだろう。そのような人はうつ病としての症状を得なかった場合はおそらく上述のＰＴＳＤの場合と同様に、別の症状を呈する可能性があるのだ。でもうつを発症したならば、それはうつであり、通常のうつ病と同様の苦痛を呈するはずである。実際にうつの増加とともにわが国の自殺率も増加していることがそのことを示しているであろう。人は「うつ病のフリ」では死なないだろう。

まさに意味づけと学習から生まれる「文化結合症候群」

ついでにここで私になじみ深い解離性障害の話をしよう。いわゆる文化結合症候群についてである。文化結合症候群にはさまざまな興味深い病理現象が多く数えられており、その大半は解離性の障害と考えられる。気が違ったように荒れ狂う「狂躁発作」としてのラター、アモックなどは東南アジア諸国に古くから存在が知られているが、これらのいずれにおいても、人はある種の精神的なショックの際に唐突に衝動的で粗暴なふるまいを起こし、後に健忘を残す。そしてこれが、外傷や症状が意味づけや学習により成立する例とみなすことができるのである。

その中でわが国に固有の文化結合症候群として知られるのがイムである。イムは北海道のアイヌ社会における風土病とされてきた。アイヌの従順な中年女性が「トッコニ」（マムシ）という語を耳にしたり、蛇の玩具を目にしただけで、突然錯乱状態となって人に襲いかかってきたり、物を拾って誰彼かまわず投げつけたりする、あるいは他人の言葉をそのまま真似る（反響言語）などの症状も見られる。そして後にそのことを覚えていない。

明治初期に活躍した内村鑑三の子息である精神医学者内村祐之は、このイムを詳しく観察したことでも知られる。彼はイムの発作が防衛の役割を担うものとして理解し、次のように結論付けた。「イムの発作はその安全弁とも理解される……。ヒステリーの発作もイムの発作も、その本来の意味は、天然が弱者のために備えた防衛機転であり、保証機転であるのである。[4]」

この内村の臨床的な評価は、ヒステリーおよび解離性障害に対する当時の一般的な理解を代表しているものと言えるだろう。ここで注意すべきなのは、文化結合症候群には一定の症状のパターンがあり、人はそれを踏襲した形で症状を形成するということである。これはまさに文化のなせる技である。アイヌの女性はイムの症状を村で伝え聞くのだろう。そして「自分はトッコニという言葉を聞くと人に襲いかかるかもしれないのだ」と学習する。そして一部の女性はそれに見合う人格を形成していき、ある日夕ブーの言葉を聞いて発作を起こす。しかしそれは彼女が作為的に行なったわけではない。症状の起き方がいつの間にか無意識的に学習されていたというわけである。

再び「津波ごっこ」に戻って

津波ごっこに話をもどそう。

……「津波がきた」「地震がきた」の合図で子どもたちが一斉に机や椅子に上ったり、机の下に隠れる。……児童心理の専門家によると、子どもたちが地震と津波の衝撃を遊びを通じて克服しようと格闘しているのだという。

子どもたちが津波ごっこに興じるのはなぜか？　おそらく本当のところは誰にも分からないだろう。どうして人は鬼ごっこをするのか？　どうしてお化け屋敷が夏は満員御礼になり、芸人のコワーい話がウケるのか？　どうしてミステリーには殺人がつきものなのか？　これらの問いに少し近いのではないかと思う。鬼ごっこは人間が邪悪なもの、精神分析的には悪い内的対象との関係を克服するために行う、と考えるのかもしれない。でも真相はわからない。多分人間は適度のスリルを好むのであろう。人はノルアドレナリンの分泌（驚愕、興奮）と共にドーパミンの放出（快楽）が伴うような体験にスリルを感じ、求めるものである。津波ごっこにもそのような意味があるのだろう。しかしお化け屋敷がトラウマになってしまう人もまれにいるだろう。青森のナマハゲも、泣いている子どもを見て微笑ましいとだけ思うのは考えが甘いということだ。

津波ごっこは被災した子どもにとって害になるのか、それとも見守るべきなのか？　あまりにも多くのファクターが絡み合った答えの出ない問題だ。ただそれが「ごっこ遊び」として、友達と楽しんでやるものという意味づけにより、本来は侵入的な体験にもドーパミンの放出がともなった、スリルと癒しの体験となるかもしれない。「津波ごっこは見守るべし」という見解は、そうすることで参加する多くの子どもにとってさらに津波体験の克服に繋がるようなものとなるだろう。しかし同時に問題も起きる。大人からも津波ごっこにゴーサインが出されることで、それを耐えがたいと思う子どもはよけいつらさを体験しかねないのだ。

アートセラピーはその裏返しというだけで、結局は同じ議論がなりたつ。「津波ペインティングはよくない」という専門家のコメントは、おそらく相当数の子どもを救うと同時に、それにより津波による外傷を克服できたかもしれない子どもにとってはその機会を奪う可能性がある。そして「津波ペインティングはよくない」というメッセージ自体が、それにマイナスの意味づけを与えることで、治療的な価値がさらに奪われる可能性もあるのだ。同様のことはＣＩＳＤについてもしかりである。

被災にともなう外傷の問題はかくも難しく、一般人の常識も専門家の見識も裏切る結果となりかねない。私たちはその事実を受け入れるしかないのだろう。

最後に――あいまいな加害者の問題

本章は、同じトラウマでも、自己愛トラウマではなくて実際の災害におけるトラウマの文脈で論じたが、最後に本書の主要テーマのひとつでもある「加害者のあいまいさ」との関連で述べておきたい。

震災による津波というという明確な「加害者」（といってもこの場合は自然現象ということになるが）が存在するトラウマも、それを和らげるメカニズムとしての「津波ごっこ」が子どもに与える影響はそれぞれ異なる。多くの子どもは津波ごっこにより津波の体験を自分の中におさめていくのであろうが、参加する子どもの一部は心の傷を深めることになるだろう。しかしその際の加害者はあいまいであり、不明なのだ。それはお化け屋敷のアルバイトさんや、ナマハゲをかぶっている心優しい青年団の男性にも言えるだろう。彼らはそれを仕事として、あるいは伝統にしたがってやっているにすぎないが、ごく少数ではあれトラウマを生み出してしまう。それでも彼らを加害者と呼ぶべきか。おそらくそうであろうが、しかし社会の中では決して表に出ることなく、そして本人も気がつかない、その意味ではあいまいな存在なのだ。このように加害者のあいまいさは、その体験が制度や習慣に組み込まれているほどに、より錯綜した事情を呈することになる。

しかし加害者があいまいであることは決して、トラウマの程度を軽減しない。それはむしろトラウマの隠微さを増し、被害者の救済や治療の機会をそれだけ奪ってしまう可能性があるのである。

参考文献

（1）Freud, S.: Beyond the Pleasure Principle.（The Standard Edition 18）1920.「快楽原則の彼岸」『自我論集』ちくま学芸文庫　二〇〇七
（2）Mitchell, J.T. : When disaster strikes…the critical incident stress debriefing process. Journal of Emergency Medical Services, 8 (1): 36-39., 1983.
（3）Moore, M. S. : PTSD Affecting More U.S. Soldiers Than British. Why do so many American and so few British soldiers suffer from post-traumatic stress? Miller McCune. July-August. 2011.
（4）内村祐之『精神医学者の滴想』同盟出版社　一九四七

第4部

トラウマとセクシュアリティ――見られることをめぐって

第10章　「見るなの禁止」とセクシュアリティ

これまで自己愛トラウマと恥の関係について論じてきたが、そこでは人の視線は両儀的な意味を持つことが示せたのではないかと思う。自分の弱さや恥ずかしい部分を暴力的に暴く時、人の視線はトラウマを及ぼすことになる。しかし自分の存在を肯定し、見守ってくれる視線は、逆に自己愛トラウマの癒しともなるのである。

見られることの両義性はセクシュアリティに関してより顕著な現れ方をする。見られ、知られることは性的な文脈では、喜びや興奮にも、トラウマにもつながるのである。この問題を日本の文化に照らしてさらに考えてみたい。

北山修氏は世界的に有名な精神分析家である。まだ現役で次々と新しい発想に基づく論文や著書を世に送り出している。その中でも「見るなの禁止」は海外にも知られる概念である。その概念とは次のようなものだ。

日本の神話には、主人公が「な見たまいそ（見てはいけませんよ）」という禁止を破ってのぞき見することから悲劇（離別など）が始まる、というパターンが多くみられる。浦島太郎の玉手箱などはその一番ポピュラーな例だろう。北山先生が特に用いるのが「夕鶴」の例である。[1]

与ひょうは、ある日罠にかかって苦しんでいた一羽の鶴を助けた。後日、与ひょうの家を「女房にしてくれ」と一人の女性つうが訪ねてくる。夫婦として暮らし始めたある日、つうは「織っている間は部屋を覗かないでほしい」と約束をして、綺麗な織物を作る。これが「見るなの禁止」というわけである。つうが織った布は高値で売られ、与ひょうは仲間からけしかけられて、つうに何枚も布を織らせるが、つうとの約束を破り織っている姿を見てしまう。そこにあったのは、自らの羽を抜いては生地に織り込んでいく、与ひょうが助けた鶴の姿だった。正体を見られたつうは、与ひょうのもとを去り、空に帰っていく。

つまり覗かないでほしいという約束を破ったことから与ひょうとつうの破局が始まったのである。北山先生はここから日本人が伝統的に抱いている罪の意識（原罪）のあり方を説明していく。つまり覗いていけないものを覗いてしまうという罪である。しかし北山先生の一連の著作の愛読者でもある私は、これを少し別の文脈から読みたくなる。それはつうの側からの誘惑という文脈である。

もちろんつうが与ひょうを誘惑したというわけではない。文字通り身を削って織物をしている姿を、彼女は本当に見られたくなかったのであろう。ただ「見るなの禁止」は強烈な誘惑の源になり、それを男性の主人公が破ってしまう結果となったのではないだろうか。言い代えるならば、「見るなの禁止」は「見よの誘惑」とも考えられるのである。これもまた文化を通して普遍的なテーマではないかと思うのだ。そしてこれはもうひとつの重要な問題と結びついている。それは男性の側がわが身を隠す女性を「誘っている」「誘惑している」と都合よく解釈してしまう傾向であり、それにより生じるさまざまな性被害の可能性である。

このテーマは私の異文化体験とも関係しているかもしれない。二〇〇四年に帰国して特に印象深かったのが、テレビを頻繁ににぎわす盗撮事件と、おそらくそれに関係した女子学生の露出度の高さである。私は最初は憤慨したものだ。「日本の高校の校長や教頭は何をしているんだ！　あんなに短いスカートを制服に指定して！」ところがあとからわかったことは、スカートの丈を「自主的」に上げていたのは生徒の方だったというわけである（第11章を参照）。

「見るなの禁止」は誘惑を意図したものか？

まずは非常に原則的なことから論じよう。現代の世の中の法律には、「〜してはならない」という禁止事項は膨大に記載されているはずだ。そしてそれは禁止することでよけい人びとを誘惑することを意図しているわけでは決してない。当たり前の話であろう。為政者は次のような法律で、覗き、盗撮を禁止することで一般市民を誘惑する（「劣情をあおる」）ことを意図してはいない。

軽犯罪法第一条：左の各号の一に該当する者は、拘留又は科料に処する。
第二三号　正当な理由がなくて人の住居、浴場、更衣場、便所、その他人が通常衣服をつけないでいるような場所をひそかにのぞき見た者。

ただし最近頻繁にニュースをにぎわす「盗撮」は刑法で定められた罪名ではなく、地方自治体で制定されるいわゆる「迷惑防止条例」で取締りが行われるという。

この盗撮がどうして最近増えているのであろうか？　盗撮については「いやいや昔からあったが、捕まらなかっただけだ」という論法は成り立たない。昔はそのようなテクニックが存在しなかったのだから。携帯電話の録画機能が高まるにつれて盗撮の件数も増加してきたと考えるべきであろう。何しろ最近ではサンダルにケータイを挟んで盗撮するという輩まで出て来ているのだから。さらには女性の露出が増えて盗撮が容易になる分だけ、盗撮の件数が増えているという可能性はどうか？　これもあるかもしれない。

ちなみにこの問題に関して思い出すことがある。二〇一三年の夏にある精神医学のシンポジウムに参加する機会があったが、そこで榎本クリニックの榎本稔先生が司会をしておられた。榎本先生はアルコール依存症のほかにも性犯罪の加害者の治療にも携わっていらっしゃるが、その先生の言葉が興味深かった。

先生によれば、日本でしばしば報道される盗撮については、諸外国では問題にならないという。諸外国においては性犯罪はさらに深刻な加害行為、たとえば強姦などという形を取ることが通常であり、日本の迷惑防止条例で問題にされるような犯罪はむしろ少ないという。そして日本においては相対的に強姦が少ないといわれる。

そのように考えると日本の性犯罪のあり方は、やはりこの「見るなの禁止」と関連しているという印象を受ける。日本において女子学生の制服に見られるような露出の多さは日本を訪れる外国人の顰蹙を買っているようであるが、日本の性犯罪も「見る、見ない」のレベルで生じていて、それはそれ以上の深刻な性被害をむしろ防止するという意味合いを持っているともいえるのであろうか？　その意味では日本はむしろ「安全」だからこそ露出度の高さは深刻な問題にならずにすむのか？　そして諸外国では露出が高いことはむしろ即座に問題とされ、何らかの処分がなされるのであろうか？　ここら辺は精神科医としての公式の見解というより、単なる憶測に過ぎない。

これに関連して二〇〇九年ＣＮＮは次のようなニュースを報じた。

超ミニスカートの女子学生を退学にしたブラジルの大学、処分撤回

「リオのカーニバル」で知られるブラジルの大学が、超ミニスカートを着用してヤジを受けていた女子学生を退学としたが、各方面から批判などを受け、処分を撤回した。しかし、大学側は、「退学と判断したことに間違いはなかった」と主張している。騒ぎがあったのはサンパウロ近郊のバンデイランテ大学

(通称ユニバン)。同大学でツーリズムを専攻するゲイジー・アルダさん(二〇)が一〇月二二日、そでは割と長いものの、スカートの丈がかなり短いバラ色のミニドレスを着用して教室に入ってきた際、他の学生がヤジを飛ばしたり、ひどくからかった。この様子を携帯電話で撮影した動画がインターネットに掲載され、話題になった。動画では、教室で白衣を着て、警官に付き添われて建物から立ち去る場面などが映っていた。この騒ぎでユニバンは、アルダさんを退学処分としたが、各方面から抗議が殺到。ブラジルは、「リオのカーニバル」のサンバなどでも、肌を露出した衣装が知られており、ミニスカートで退学処分とは何事だと考える人が多かったようだ。ユニバンは最近になって、アルダさんに対する処分を撤回。しかし、処分は間違いではなく、妥当だったとあくまで主張している。アルダさんは一〇日現在、キャンパスにはまだ帰ってきていない。(CNN　二〇〇九年一一月一二日)

やはりお国柄の違い、ということか。日本で同じことが起きたなら、周囲の学生は見てみぬふりをして、あるいは皆ニヤニヤして、そのうちだれかがそっと「それはあまりに目立つんじゃないの?」と声をかけるのではないか。あるいは教師が個室に呼んで、静かに叱責するとか。つまりミニの学生への扱い方もまた人目につかず、隠微な、目立たない形で行われるだろう。そしてそれが盗撮の土壌となるのだ。

私の個人的な見解は省略して、論客上野千鶴子先生に登場してもらおう。

日本のビニ本文化は、性器を露出してはならないという世界にも稀有な倫理コードのおかげで、爛熟した洗練と発達をとげましたけれども、どうやらそれは法律の抑圧のせいだけではないのではないか、と思えてきます。性器・性交を見せない日本のソフト・ポルノの猥褻さとは、ハードコアになれた西欧人も驚く「国際水準」ものです。その「表現力」を思うと、どうやら作り手はパンティを脱がせたくなかったのではないか……パンティでおおわれたボディのほうが、むき出しのボディよりずっと卑猥だ、ということを知っていたのではないかとさえ思います。……（『スカートの下の劇場』(2) より）

「ビニ本」はもう死語化しているのではないか。またこのコメントも昨今のインターネットの普及により事情はかなり違ってきたというべきだろう。ただ「古き良き時代」の日本のポルノ産業は確かにこんな感じだったのである。

文化の装置としての「見るなの禁止」は「粋（いき）」にも通じる

結局この「見るなの禁止」を、日本人は一つの「文化的な装置」として使っているような気がする。日本人のシャイで控えめな民族的気質と見事にマッチしているのだ。見せそうで見せない、そのへんで止めておく。これは従来「粋」と呼ばれていたものだ。見えそうで見えないものを実際に見せてしまったら、これは野暮ということになる。

粋と言えば、九鬼周造先生の名前を上げなくてはならない。『「いき」の構造』(3) から読んでみよう。

内包的見地からの「いき」の表徴として九鬼は三つを挙げる。

「第一の表徴は、異性に対する『媚態』である。」

「第二の徴表は、『意気』すなわち『意地気』である。」

「第三の表徴は、『諦め』である。運命に対する知見に基づいて執着を離脱した無関心である。」

さらに「媚態」についてはつぎのように述べる。

「異性との関係が『いき』の原本的存在を形成していることは、『いきごと』が『いろごと』を意味するのでもわかる。」

「異性が完全なる合同を遂げて緊張性を失う場合には媚態は自ずから消滅する。媚態は異性の征服を仮想的目的とし、目的の実現とともに消滅の運命を持ったものである。」

「なお全身に関して『意気』の表現と見られるのはうすものを身に纏うことである。『明石からほのぼのとすく緋縮緬』という句があるが、明石縮を来た女の緋の襦袢が透いて見えることをいっている。うすものモティーフはしばしば浮世絵にも見られる。」

このテーマでもうひとりどうしても引用しなくてはならないのが、谷崎潤一郎であろう。彼の古典的な随筆『陰翳礼賛』は、日本的な美とは、見えにくい影の部分、陰影にその源があるという発想に基づいたものだ。それを谷崎はたとえば家屋の事情から論じている。「美というのは常に生活の実際から発達するもので、暗い部屋に住むことを余儀なくされた我々の先祖は、いつしか陰影のうちに美を発見し、やがては美の目的に添うように陰影を利用するに至った。」（『陰翳礼賛』(4)より）

この谷崎の記述は江戸時代までの日本の家屋の事情を思い起こさせる。わが国では基本的には洋風建築が入ってくるまでは、家屋がドアで仕切られるということはなく、それぞれの部屋はせいぜい障子か襖で隔てられているだけだった。もちろん視界は外とはさえぎられるが、音はかなり筒抜け状態だったのである。そこでは襖を隔てた隣で起きていることは常に想像やファンタジーを掻き立てるものだったのである。日本のエロティシズムも、そのような想像を刺激するもの、間接的に触れるものとして発達したことは想像に難くない。それが上野先生の「ビニ本」論ともつながるというわけだ。

「夕鶴」に戻って、あるいは「見る」ことのトラウマ性

最後に夕鶴の「見るなの禁止」のテーマに戻ろう。夕鶴を含む民話や伝説は、同時にセクシュアリティのテーマを間接的に扱っていたのではないか？　私にはそう思える。「見る」ことによる失望や脱錯覚は、セクシュアリティにおける脱幻想（「異性が完全なる合同を遂げて緊張性を失う」こと（九鬼））を象徴してはしまいか？　民話や伝説が性的な表現や描写をほとんど含まないのは、逆にそれを「見る」行為により象徴させているからではないか？

このあたりのテーマは、実はリスキーである。というのも「見るなの禁止」の概念を提唱した北山先生は、この点を論じておられないからだ。一見性愛性を思わせない「夕鶴」にそんな不埒な考察を加えてもよいものだろうか？　でもあえて論じてみよう。

私の仮説は、「夕鶴」において見ることを禁止されていたのは、「つうの（女性としての）身体」ではなかったか？　もうちょっと大胆な仮説。つうと与ひょうの関係は「プラトニック」だったのではないだろうか？　与ひょうはつうから性的にかかわることを拒否され続けるが、強引に思いを遂げることでつうの獣性を帯びた女性性に触れ、脱錯覚を起こしたのではないか？

二〇一〇年の春に日本語臨床研究会でこの考えを発表した時、最前列で聞いていらした北山先生は私の発表を「いい線行っていると思う」とおっしゃってくれた。ひと安心、である。

しかしもし私が考えるように「夕鶴」のテーマが暗にセクシュアリティを含んでいたとしても、そこで提示されているのは見る‐見られるという関係性をめぐる誘惑とトラウマなのである。見られた、晒された、犯された夕鶴はもうそこにいられなくなって消えてしまった。それは与ひょうの行為がトラウマとして体験されたからである。その結果としてつうは「穴に入る」（飛び去ってしまう）しかなかった。与ひょうはそのことを予知できなかったのだろうか？　それでも覗かなくてはいけなかったのだろうか……？　しかし同じような状況で与ひょうのようにのぞきの行為に走らずに、じっと一人で耐えている男性は果たしてどのくらいいるのであろうか？　つうが実際は誘っているのだ、という勘違いをしない男性はどれほどいるのだろうか？

私の視点は男性側に偏りすぎているのを感じたので、少し修正しよう。男性に助けられた（と信じた）女性が、男性のために一心に生産をし、それに専心している最中に、男性が邪な考えを持つということを女性はどこまで思いはかることができるのだろう？　おそらく女性が純真で、人の心の邪悪な側面を知らないほど、男性からの侵襲に驚き、トラウマを体験し、時には人生を台無しにしてしまう。彼女の人生はもうもとの平和で慈愛に満ちた世界を永久に失うことになる。
恥のテーマは誘惑とトラウマの狭間で永遠に、時には不可能とも言える理性的選択を私たちに迫って来るのである。

参考文献

（1）北山修『見るなの禁止　北山修著作集1 日本語臨床の深層』岩崎学術出版社　一九九三
（2）上野千鶴子『スカートの下の劇場』河出書房新社　一九八九
（3）九鬼周造『「いき」の構造』一九三〇
（4）谷崎潤一郎『陰翳礼賛』一九三三

第11章　恥と慎みをめぐるある対話

以下は「きたやまおさむのレクチャー&ミュージック　第三回　二〇〇九年四月　ＮＨＫ　ＦＭ」からの抜粋である。前章のテーマに関する議論を展開している部分を抜き出してみたい。

＊　＊　＊

黒崎（黒崎めぐみアナウンサー、司会者）　……話は尽きませんが、このあたりで、先生は伝えたいメッセージをお持ちということですが。

岡野　ああ、そうでしたね。精神科医というより一人の人間として。私は日本に帰って五年になりますが、カルチャーショックだったのは、女子学生のスカートが異様に短いということです。これにびっくりしました。アメリカの田舎町に住んでいた時に、その格好で来ていた日本人の女子学生がいたんですが、すごくおかしな格好に見えて、周囲から完全に浮いていました。アメリカ人も肌は

出すんですよ。でもスカートじゃないんですよ。……キュロット。（沈黙ののち、笑い）

北山（北山修、ホスト）　アメリカ人はキュロットなんか着ています？

岡野　はい、短いのは確実にキュロットです。まあ、それで防衛しているというか。男性の劣情を誘うことを防いでいます。

北山　つまり下が開いているより、しまっているという方が、男の欲望を刺激しない、と言っているわけだ。

岡野　その通りです。

北山　でもアメリカではなんか、上は露出しまくっているじゃない。胸の谷間とか。

岡野　あ、たとえばパーティのドレスなどは胸の谷間は、出すのが正装なんですよ。

北山　そうなんだ。でもそれは誘惑目的があるんでしょ？

岡野　でも見慣れちゃうと、もうそうでもないんですよね。

北山　じゃあ、女子高生のスカートも見慣れれば、そうでもないんじゃないかな。

岡野　いやー、そうじゃないんじゃないかな。あのねーすごく特異な文化だと思う。日本は。この間私の一番お歳を召した患者さん、もう九〇歳になっているんだけれど、おっしゃっていました。「私は長年生きていて、こんな変なことは見たことがない」って。確かに現代の女子学生のスカートは短すぎで、おかしいとおっしゃいました。私は日本に帰ってからあの様子を見て、憤慨したんです。なんと日本の教師たちはひどいんだろう。あんなのを生徒たちにはかせて。そしたら私の妻が言いました。「何言ってんの。女の子たちが自分で短くしているのよ、と。」

黒崎　そうですよ。あえてたくし上げているという感じがあります。

岡野　ええ、それがまたカルチャーショックだったんですが。

北山　要するにかわいいんでしょ？

黒崎　足が長く見える、というのが女の子たちの言い分ですね。

岡野　それが彼女たちの言い分なんですか。それならおじさんたちの言い分としては、とにかく刺激しないでほしい。

北山　頼んでいるわけだ。

岡野　頼むよ、と。

北山　頼むから、キュロットにしてくれ、と。

岡野　この間新聞を読んでいたら、新潟県は女子高校生たちのスカートが一番短いんだと。そこで標語を作って、「勉強もスカートの丈も、やる気しだいでまだまだ伸びるんだ！」

北山　（大笑い）

岡野　こんな標語を作っても、なかなか伸びないだろう。それよりはキュロット。足はどんなに出してもいい、でもキュロットだ、という。

北山　でもあなたがどんなにお願いしても、キュロットがはやるということはないだろうね。

岡野　おそらく……はい。でもキュロットは見た目はまったく同じなんですよ。ただよく見ると間にスリットが入っているわけです。それでスタイルは変わりませんから。

北山　でも男の欲望というのは、今度はキュロットを見たら発情するとかいうことにはならないのかな。

岡野　それは一部はそうかもしれませんね。キュロットフェチとかね。（笑い）それは男のどうしようもないところですね。（笑い）

北山　でもあなたが言っているように、むしろキュロットであろうと、短いスカートだろうと、あなたが言っているように、じっと見れば、そのうち飽きるよ。

岡野　なるほど、私はもっと見るべきなんだ。

北山　そうだよ、見ないようにしているからじゃない？

岡野　なるほど、そうだったのか。ここら辺ぜんぜん打ち合わせと違う方向に行ってませんか？

黒崎　ということは西洋の方の胸の開いたドレスと同じように、見ているうちに慣れれば大丈夫と。

岡野　ということは北山先生はもうじっくりとご覧になったということですね。

北山　いや、というよりももう年ですね。（笑い）

岡野　なんだ、結論は結局そうなるんですね。

黒崎　女性としてはどう割り込んでいいかわからないんですが……女の子たちは、見られても大丈夫な下着にしているんですよね。

岡野　ああ、そうなんですか？

黒崎　ええ、ブルマーを下にはく、というのと同じような。あの当たりはどう考えたらいいでしょうかね。

岡野　うーん、……見たことないからぜんぜんわからないですね。（笑い）

北山　だから、もう少しゆっくり観察をしたら、慣れるかもよ。

岡野　私の作った標語はですね、「キュロットで、まぶしい太ももを、健康な膝小僧へ」というんです。（笑い）いいでしょ。女の子たちは健康な足をしているんだから、それがまぶしい太ももであってはならない。これは私の仕事とも関係しているのですが、性的な被害に遭われている方が多い。そういうことが少なくなるためにも、キュロットのことを学校の制服を考えるときに少しは考えていただければ、と思います。

黒崎　はい、ということでこの番組では岡野さんのリクエストをかけていますが、ここでダリダとアラン・ドロンの「甘いささやき」です。

（一同聞き惚れる）

黒崎　「甘いささやき」でした。私は存じ上げなかったんですが、こういう曲があったんですね。

岡野　私が最初に聞いたのは三〇年位前ですが、この曲に入っているアラン・ドロンのフランス語のささやき、すばらしいですよ。

北山、黒崎　フーン

岡野　私はこういう曲を聴くと、三日くらい頭の中でメロディーがなっているんですよ。で、困っちゃうんですよ。

北山　だからあなたは刺激を受けやすいんだね。

岡野　私はこのダリダという人の歌い方、口を大きく開けて、エディット・ピアフ的な歌い方。あんまり好きじゃないんですよ。

北山　先生は慎み深い方がお好きなんですね。

岡野　安心感があるんですね。だからザードの坂井泉水さんみたいな人ですね。というので結論にいっちゃっていいのかしら？

北山、黒崎　はいはい

岡野　やはり究極の癒しは、私の場合は、坂井泉水さんですね。

北山　キュロットスカート系なんですか？

岡野　ええ、まあ。彼女は昔はちょっと違ったようですけれどね。

黒崎　坂井泉水さんというアーティストが癒し、ということですね。

岡野　あのね、彼女の声なんです。彼女の声を聞いているとね、たとえば彼女の髪に触っているようなものです。

北山　誰が、あなたが？

岡野　ええ、癒しの究極は、歌声を聞いていると、何か触れているような感じ。

北山　あなたは音楽に触っているんだね。すごいなあ。

岡野　だからね、お天気お姉さんたちとか、たとえば鈴木奈穂子さんとか、関係ないですが。
黒崎　私の後輩ですが。
岡野　やはり癒しで、お天気の内容なんか聞いていない感じですね。
北山　まあ、岡野さんは感受性が強いというか、感じやすいんだね。
岡野　精神医学とどうつながるかわからなくなってきましたが……
北山　だからね、精神医学は、そういう興奮しやすいところを抑えているんでしょう。僕もそういうところがありますよ。精神医学がなかったら、私自身が不安定になると思います。僕は精神医学を学んでよかったなと思うのは、まずは自分を律することができなくてはだめだろう、と。これがなくてはだめです。
黒崎　岡野さんはずっとうなずいていますが。
岡野　いや、もちろん北山先生はずっと大先輩ですから。（笑い）
黒崎　ということでザードですけれど。
北山　僕はこのザードというのがいまいちぴんと来ないんだけれど。
岡野　えっ、そうですか？
北山　僕は彼女がなくなったということは知っていて、リバイバルヒットになったときに知ったという感じで、ちょっと世代が違いますが。
黒崎　では思いのある曲をまずお聞きいただいて、補足していただきましょう。ザードの「負けないで」。

岡野　やはりいいですね。声の質もそうだけれど、性格的にもそうです。この方は、私が知る限り、すっごくシャイ、でも同時にいい意味での目立ちたがり屋さんなんです。この恥ずかしがりやだけど目立ちたがり屋、という複雑な性格ですが、よく考えるとそういう人はたくさんいるんですよ。

北山　岡野さんがそうだよね。

岡野　まあ自分もそうなんですね。だから自分と似た人を求めているというところがある。

黒崎　精神科の先生らしい分析のされ方だなあと思います。

北山　こういうふうに私たちは、自分のことや人のことを精神医学的に考えることが多いですね。

岡野　そうですね。たとえば私は北山先生を見て、あー彼はこういう人で、こんなことをお考えになっている、などと考える。

北山　私をどういうふうに考えるんですか？

岡野　やはり私は安心して付き合える人は、シャイな人です。

北山　僕はシャイですかね。

岡野　そうですね、慎み深いという意味ではそうだと思います。先生にはそれがあると思う。実はすごくまじめな方です。

北山　付き合っている範囲ではね。

岡野　付き合ってない部分でも絶対まじめだと思います。裏の北山先生は知らないけれど、絶対まじめだと思う。と言われると先生は、まじめでなければ、と思うでしょ。先生はそういうところがあるんです。

北山　こうなったら意地でもまじめじゃなくやろうという気持ちになるかもしれない。

岡野　それがまじめじゃないですか。

黒崎　なるほど。

北山　なんかよくわからないけれど、そういうふうに見ていただいているんですね。先生は私は慎み深い、シャイだ。自分もそうだから、鏡のように見ているんですね。

岡野　そういうのを投影というんですけれど、自分のメガネで人を見てしまう、と。

北山　自分は自分に似たものを好きになるという傾向があるんですね。

黒崎　じゃ、お二人が頷き合っているのは、似ている部分を感じている。

北山　ですから、「鶴の恩返し」（「夕鶴」）の前半部分ですね。これから似ていないというところが出てきてびっくりするわけです。

岡野　似ていないということがわかって、分かれていくのかもしれない。似ていると思って付き合っているけれど、似ていないことがわかって別れていく。

北山　恋愛における失望ですね。最初は似たもの同士と思って付き合っていくけれど、やがて違うということがわかる。それでどうなるんですか？

岡野　そこで……愛が始まるんでしょうね。（笑い）

北山　そうですか。突然。

岡野　ええ、さだまさしがそういっているから間違いないでしょう。でもそれは隣人愛なんでしょう。違いがわかっても好きである。それが愛である。

北山　そういうことにしましょう。

岡野　なんとなくわかったような、わからされる感じがしました。愛はべたべたしない。別の人間として愛するようにする。

黒崎　ということで今回はお別れですが、岡野さん、ラジオは初出演だそうですね。いかがでしたか?

岡野　あっという間に時間が過ぎ、楽しかったです。

黒崎　次回のテーマも考えていらっしゃるんですね。

岡野　……そうですね。恋愛について、こういう機会ですから、私が北山先生にインタビューしちゃおうかな、と。（笑い）

北山　恋愛はなかなかうまくいかないんですよね。

黒崎　ではそれを楽しみにして。

〈終了〉

あとがき

恥と自己愛の問題は私にとってはライフワークと言ってよい。今回このような形で出版することとなった本書の各章のもとになった文章は、ここ数年の間に精神医学、心理学関係のいくつかの専門誌に発表したものであるが、それらのテーマは特に恥や自己愛に限定されたものではなかった。現在の日本に起きているさまざまな社会事象について比較的自由に論評したものだったのである。しかし本書を編むにあたって、それらの全体を恥や自己愛トラウマという概念を縦糸にして仕立て直すことができたのは、自分自身でも意外であった。やはり恥と自己愛は私の関心やさまざまな問題意識の根底に常にあったのだということを改めて知ったのである。

本書でも繰り返して述べたように、恥の力は強力である。それは私たちをさまざまな方向に駆り立て、時には勇気づける。しかし場合によってはそれは私たちにさまざまな度合いのトラウマ（自己愛トラウマ）を与える。それが個人の病理として現れたり、社会全体にみられる問題を形成したりするのであろう。

そのような視点を本書を通してある程度は提供できたことを望む。

なお本書のいくつかの章のもとになった論文は、そのほとんどは大幅に書き換えられているが、以下にそれらの論文のリストを示したい。

「恥と教育」『教育と医学』五〇巻八号　慶應義塾大学出版会　二〇〇二
「怒りについて考える——精神分析の立場から」『児童心理』六〇巻一三号　金子書房　二〇〇六
「子どものネガティブな感情にどう向き合うか」『児童心理』六一巻一四号　金子書房　二〇〇七
「恥の倫理から見た自己愛問題」『精神療法』三三巻三号　金剛出版　二〇〇七
「日本語における罪悪感の表現について」『罪の日本語臨床』（北山修・山下達久編）創元社　二〇〇九
「災害とPTSD——津波ごっこは癒しになるか？」『現代思想』三九巻一二号　青土社　二〇一一
「日本文化の中で『いじめ問題』を考える」『現代思想』四〇巻六号　青土社　二〇一二
「『難しい親たち』とパーソナリティ障害の問題」『児童心理』六八巻六号　金子書房　二〇一四

最後に、本書の作成に当たってはいつもの通り心理士加藤直子氏に言葉の表現に関してさまざまなアドバイスをいただいた。また岩崎学術出版社の長谷川純氏には企画の構想から題名の選択に至るまで一つ一つの局面でご相談に乗っていただいた。この場を借りて深くお礼を申し上げたい。

平成二六年　四月下旬

著　者

や行

ら・わ行

アルファベット

な行

は行

ま行

た行

さ行

索　引

あ行

か行

著者略歴

岡野憲一郎（おかの　けんいちろう）

1982年　東京大学医学部卒業，医学博士

1982～85年　東京大学精神科病棟および外来部門にて研修

1986年　パリ，ネッケル病院にフランス政府給費留学生として研修

1987年　渡米，1989～93年　オクラホマ大学精神科レジデント，メニンガー・クリニック精神科レジデント

1994年　ショウニー郡精神衛生センター医長（トピーカ），カンザスシティー精神分析協会員

2004年　4月に帰国，国際医療福祉大学教授を経て

現　職　京都大学大学院教育学研究科臨床心理実践学講座教授
米国精神科専門認定医，国際精神分析協会，米国及び日本精神分析協会正会員，臨床心理士

著訳書　恥と自己愛の精神分析，新しい精神分析理論，中立性と現実―新しい精神分析理論2，解離性障害，脳科学と心の臨床，治療的柔構造，新・外傷性精神障害，続・解離性障害，関係精神分析入門（共著），解離の病理（共著），脳から見える心（以上岩崎学術出版社），自然流精神療法のすすめ（星和書店），気弱な精神科医のアメリカ奮闘記（紀伊國屋書店），心理療法／カウンセリング30の心得（みすず書房）他

恥と「自己愛トラウマ」
―あいまいな加害者が生む病理―
ISBN978-4-7533-1073-9

著　者
岡野憲一郎

2014年6月4日　第1刷発行
2022年4月15日　第2刷発行

印刷　広研印刷(株)　／　製本　(株)若林製本工場

発行所　(株)岩崎学術出版社　〒101-0062　東京都千代田区神田駿河台3-6-1
発行者　杉田　啓三
電話 03(5577)6817　FAX 03(5577)6837